戦国時代は何を残したか

民衆の平和
神仏への思い、
自然開発

笹本正治

信濃毎日新聞社

序にかえて

大学を辞めて長野県立歴史館の館長になってから、博物館や地域おこし、防災などに関連して講演を求められることが多くなった。そのような場において、武田信玄の研究者だと紹介される。本人は自覚がないのだが、武田信玄の研究者といえば、何となくどんな仕事をやっているのか、紹介する側も紹介された側もわかった気になるらしい。これは、世間において武田信玄に代表される戦国大名に対する興味が大変高いことを示している。

各地の祭には、戦国大名が主人公となって登場する。山梨県甲府市では信玄公祭、新潟県上越市では謙信公祭、愛知県名古屋市の名古屋祭には織田信長・豊臣秀吉・徳川家康の郷土三英傑《さんえいけつ》などである。周囲の人に郷土の英雄を挙げてもらうと、必ずといっていいほど、戦国大名あるいはその関係者が出てくる。長野県では、2016年にNHK大河ドラマとなった真田昌幸や埴科郡坂城町の村上義清が代表である。

こうした社会の雰囲気もあってか、戦国大名の事績を熟知している百科事典のような人も多い。私が教えた学生の中にも、私にはとうてい及ぶことができないほど、細部に至るまで戦国大名の知識を持っている者もあった。私はそうした人たちからすると全く何も知らない、相手にもならない戦国大名知らずである。

考えてみると、大河ドラマでも戦国大名が扱われる率が高い。長野県に関係しただけも「真田丸」「風林火山」「武田信玄」「天と地と」を挙げることができる。黒沢明監督の「影武者」に限らず、映画でも戦国大名に関係するものがおびただしい。戦国大名を扱った小説も数多い。雑誌などでも「武田信玄の経済哲学」など、実に興味深い題名によって戦国大名が取り上げられている。それも結構売れていると聞く。

私としては、「英雄」といった形で戦国大名を取り上げることに違和感がある。それは、歴史をあまりに特定の個人の功にしたり、あるいは歴史責任をすべて個人に課したりすることにつながるからである。私自身も歴史を構成する一人であり、歴史に対して責任を負っている。また、戦国大名の経済哲学や家臣支配といった視点は、その環境が今と異なっていることを認識していないため、あまりに現代的に解釈しすぎて、日常生活に役立つものではない。

「日本人は戦国時代が好きですから」という言葉にも反発を覚える。「戦国」という血なまぐさい時代は好きになるべき対象だろうか。戦国武将がなぜ戦わねばならなかったかを知らずして、その人の立身出世だけを論ずることには共感できない。勝者の影には必ず敗者がいる。圧倒的多数の敗者に目を向けないで、勝者の主張だけで歴史がわかるのかも疑問である。

私が興味を感じるのは、戦国という時代を経て社会はどのように変わったかである。現代人にとって当たり前のことが、戦国時代の人間にとって常識なのだろうか。これを明らかにすることで、なぜ現代においてあれほど戦国大名に興味が抱かれるのかの一端がわかってくるように思う。

本書では、どちらかというと民衆に視点をおきながら、戦国時代の社会実態に近づいてみたい。この時代は本当に戦いに明け暮れ、社会が乱れていたのか。戦乱の時代とされる戦国時代の中で、人々はいかに生きていたのか。

こうした点に留意しつつ、私の考える戦国社会を歩き回ってみたい。その際、社会的弱者とされる女性と子供には特に留意したい。そして、戦国時代を経て、社会はどのように変化していったのか、その一部分でも解明できたらと考える。

戦国時代は何を残したか

目次

第1章

モノとしての民衆

1　川中島合戦に見る戦争の実態

川中島の一般イメージ

戦国時代の合戦として、たいていの人が知っているのが川中島合戦である。多くの人がこの合戦について書いているが、私には全く実態がわからない。というよりも、通説になっている合戦像は間違っていると考えている。私たちが常識として理解している歴史事象には、案外誤りも多い。そこで本書を書き始めるに当たり、通説とされていることがいかにあやふやか、川中島合戦を例に触れておきたい。

川中島合戦について一般的な説明の根拠にされるのは、江戸時代の初頭までに書かれた武田信玄・勝頼の事績を綴《つづ》った軍学書『甲陽軍鑑《こうようぐんかん》』である。これを前提にして、合戦の概略を確認しよう。

永禄《えいろく》4年8月16日（グレゴリオ暦1561年10月5日・以下同）、越後《えちご》の上杉謙信（政《まさ》虎《とら》）は、1万3千ばかりの兵を率いて妻女山《さいじょさん》（長野市）に陣取った。謙信が海津城《かいづじょう》（長野市松代町）を攻め落としそうだとの連絡を受けた甲斐《かい》の武田信玄（晴信《はるのぶ》）は、8月18日に甲府を出発し、24日に川中島（長野市）へ到着。千曲川を渡る雨宮渡《あめのみやのわたし》（千曲市）を押さえて、謙信に対陣した。このため、謙信の軍勢は越後への通路を止められ、袋に閉じ込められたような状態になった。

8月29日、信玄は同じ千曲川の広瀬渡《ひろせのわたし》（長野市松代町）を渡って、海津城へ兵を引き入れた。そして、「2万のうち、1万2千で謙信の陣取る妻女山へ仕掛け、明日卯《う》の刻《こく》（午前6時頃）に合戦を始めれば、越後勢は負けても勝っても、川を越して退くだろうから、そこを旗本組の二の備え衆を後先から押し挟み、討ち取るようにするのがよい」という山本勘助《やまもとかんすけ》の策に従うことにした。いわゆる「きつつきの戦法」である。

9月9日の深夜、高坂昌信《こうさかまさのぶ》（春日虎綱《かすがとらつな》）、飯富虎昌《おぶとらまさ》、真田幸隆《さなだゆきたか》などを大将とする武田軍が闇に紛れて妻女山へ向かった。9月10日の午前6時に攻撃開始。信玄の本隊8千は午前4時頃に海津城を出て、八幡原《はちまんぱら》（長野市小島田）に本陣を置き、北上してくる上杉軍を迎え撃つことになった。

対する謙信は、武田軍の陣からいつもより多くの炊煙が上がるのを見て、明日武田軍が動くと判断した。100人だけを残し、9日午後11時頃、全軍を率いて妻女山を発った。この

上杉軍に追い立てられる武田軍（「川中島合戦図屏風」（岩国美術館蔵）より）

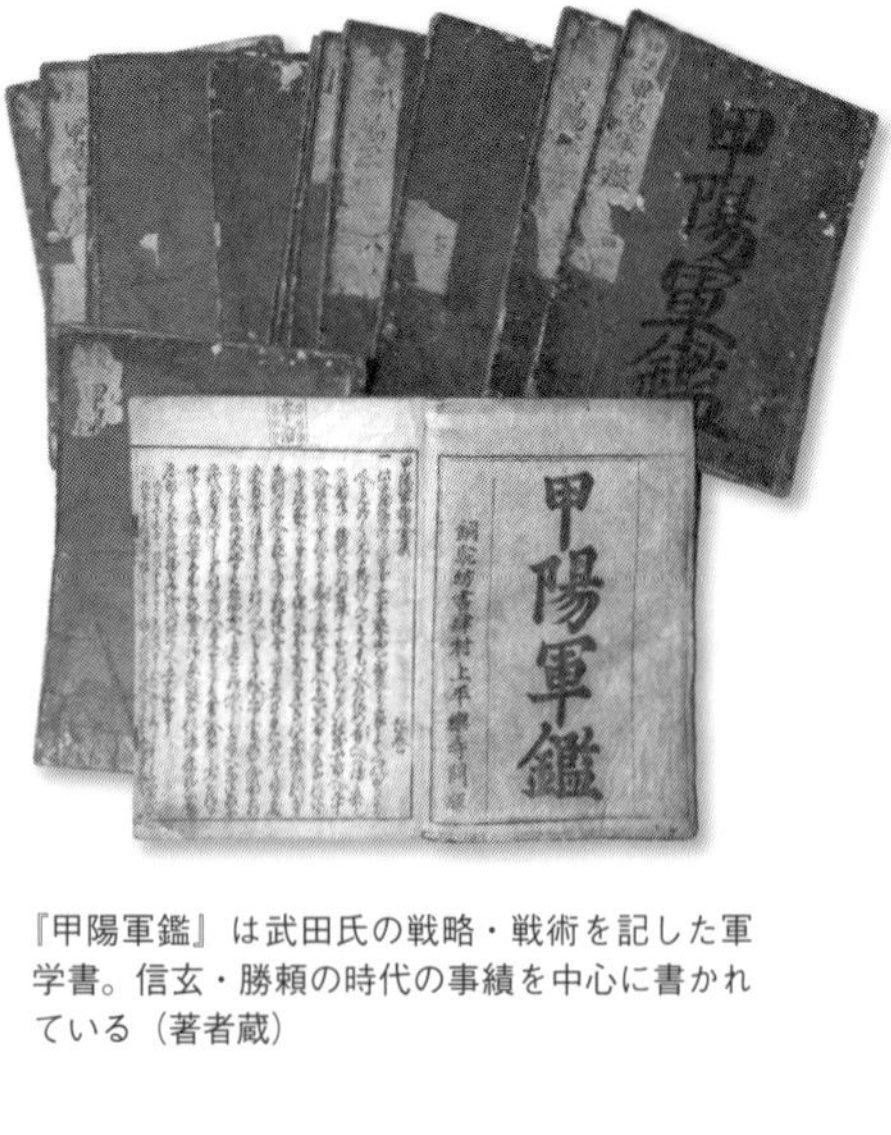

『甲陽軍鑑』は武田氏の戦略・戦術を記した軍学書。信玄・勝頼の時代の事績を中心に書かれている（著者蔵）

永禄４年（1561）の川中島合戦の様子を描いた「川中島合戦図屏風・左隻」（岩国美術館蔵）

「紀州本川中島合戦図屏風・右隻」（和歌山県立博物館蔵）

結果、10日早朝、千曲川を渡った上杉軍が八幡原で武田軍と激突した。

『甲陽軍鑑』は両軍激突の模様を以下のように記している。なお、以下に引用する史料は原則として読み下しとし、内容が難しい場合には意訳してある。

謙信は旗本《はたもと》とともに、信玄公味方の右の方へまわり、義信公《よしのぶ》の旗本五十騎、雑兵《ぞうひょう》四百余りの備えを追っ立てた。信玄公の旗本へ謙信の旗本が伐《き》り懸《か》かった。敵味方三千六百から三千七百の人数が入り乱れて戦った。兵は突きつ、突かれつ、斬りつ、斬られつ、互いに具足のわたがみ（鎧《よろい》の前面と背面をつなぎ、左右の肩にかけて全体をつるす部分）を取り、組み合って転ぶ者もあった。敵の首を取って立ち上がると、その首は我が主なりと名乗って、鑓《やり》を持って、突き伏せる者もいた。その様子を見て、その者を斬り伏せる者もあった。（意訳）

武田軍は最初苦戦したが、午前10時頃、妻女山に向かった一軍が八幡原に駆け付け、攻勢に転じた。次第に追い詰められた上杉軍は、大塚（長野市青木島）、丹波島《たんばじま》（同）付近で犀《さい》川《がわ》を渡って、善光寺方面へ退却したので、信玄は八幡原に踏みとどまって、午後4時頃に勝ち鬨《とき》を上げた。

『甲陽軍鑑』は「その合戦、卯の刻に始まりたるはおおかた越後輝虎《てるとら》（謙信）の勝ち、また巳《み》の刻（午前10時頃）に始まりたるは甲州信玄公のお勝ちなり」と評している。

2万の武田軍の死者は4630人（23・2％）以上、負傷者は7500人（37・5％）、残り39・3％という。対する上杉方（1万3千）の死者は3470人（26・7％）、負傷者は9400人（72・3％）、残り1％（人数については異同がある）とする。

この通りなら、4人に1人は死亡して、ほとんどの者が負傷した、大変な肉弾戦だったことになる。ちなみに、戊辰戦争《ぼしんせんそう》（1868～69）において、薩摩《さつま》、長州《ちょうしゅう》、土佐《とさ》に次ぐ高い戦功を認められる松代藩の出兵数は3271人。会津《あいづ》藩との大砲や鉄砲を用いた激しい戦闘がありながら、戦死者は52人で、出兵兵士数からするとその割合は約1・6％に過ぎない。『甲陽軍鑑』の記載を事実とするか、この数がでたらめだとするかで、川中島合戦の描き方も異なってくる。私はこの数字を信用しない方がよいと考える。

『甲陽軍鑑』への疑問

通説とされてきた川中島合戦のイメージは、常識的に考えると疑問点が多い。

たとえば、合戦の出発点ともいえる妻女山に陣取った上杉軍1万3千が、山上で約1カ月近くを過ごすことがあり得るのだろうか。記述に従えば、上杉軍は武田軍に善光寺側を遮られた形で、補給路を断たれていた。妻女山の上杉軍は、①食料、②水、③燃料・エネルギーを1カ月分も持ち歩いていたのだろうか。

上杉謙信が翌日の武田軍の攻撃に気が付いたのは、武田の陣地から炊事の煙が多く立ったのを見たことによる。となれば、炊事は軍として一括に用意せず、個人あるいは部隊ごとに行っていたことになる。当然、食料は自弁のはずである。現代の登山においてすら、1カ月分の食料を自ら携帯することはないし、当時の兵士がそれほど大量の食料を携帯していたとは考え難い。

山を下りて水を得ようとするなら、武田軍の攻撃に遭うので、水も携帯していたことになる。食料などからの水の補給も合わせると、人は1日にだいたい1・5リットルの水を飲む必要があるという。移動などのことも考えて、仮に1カ月分の食料や水を上杉軍が持っていたとしよう。1リットルの水の重さは約1キロなので、水だけで45キロを携帯していたことになる。これに加えて1カ月分の食料を持ち歩くことは不可能である。エネルギーも周囲にあるのは生の山の木だけなので、1万人以上の炊事のエネルギーは供給できまい。

これらの条件をクリアしたとしても、山の上で1万人以上の排泄物を1カ月以上も処理できないだろう。衛生環境からしても、上杉軍が1カ月も山の上に籠《こ》もることは考え難い。

『甲陽軍鑑』では、9月9日の深夜に上杉軍1万3千、武田軍1万2千が夜の闇に紛れて移動したとする。敵に気づかれないよう音を立てずに、これだけの大軍が移動することはできるのだろうか。

兵士は甲冑《かっちゅう》を身に着けており、武具が擦《こす》れて音が出るはずである。武士たちが乗ったり、物資輸送に用いたりした馬や牛は、どのようにして静かにさせたのであろうか。特に夜の真っ暗闇の中での移動に、牛馬がいななきも上げずに動けるのであろうか。夜の暗さで人や動物が移動するのに、音や声がないと私は思わない。

それぞれ1万人を超す軍勢が安全に移動できる道はあったのだろうか。大きな道があれば攻撃される時にも用いられる。少なくとも双方でこれだけの人数が夜の闇の中で山に登って下りるとなると、道を踏み外したり、転んだりする者があったはずだが、そのような記載はない。

武田軍の本隊は、霧が晴れて初めて敵軍の存在を知ったという。1万3千もの軍勢が目前に来るまで気が付かないとは、武田軍はよほど鈍感だったのか。

少なくとも、合戦に至る『甲陽軍鑑』の記載、上杉軍や武田軍の動きは常識から考えたらあり得ず、史実とすることはできない。

川中島合戦について多くの人が興味を持つのは、いわゆる信玄と謙信の一騎打ちである。実際にそのようなことがあったのだろうか。『甲陽軍鑑』は、9月10日の一騎打ちを次のように記す。

萌黄《もえぎ》の胴肩衣《どうかたぎぬ》を着た武者が白手拭《てぬぐ》いで頭を包み、月毛《つきげ》の馬（クリーム色から淡い黄白色の被毛を持つ馬）に乗り、三尺（約90・9センチ）ばかりの刀を抜き持って、信玄が床几《しょうぎ》に座っているところへ一文字に乗り寄せて、切っ先はずしに三太刀切った。信玄は立ってこれを軍配団扇《ぐんばいうちわ》で受けた。後で見れば団扇に八つの刀傷があった。武田家の御中間衆頭《おちゅうげんしゅうがしら》、二十人衆頭の都合二十騎の者どもは、敵味方にわからないように信玄を取り包み、寄る者たちを切り払った。中でも原大隅《おおすみ》（虎吉《とらよし》）という中間頭《ちゅうげんがしら》が青貝の柄のやりを持ち、月毛の馬に乗った萌黄の緞子《どんす》の胴肩衣の武者を突いたところ、突きはずし、具足のわたがみをかけうって、馬のさんづ（後ろ脚の上部の骨）を叩いたので、馬は棒立ちになって走り去った。後で聞けばその武者は輝虎（謙信）であったと申したという。（意訳）

川中島古戦場史跡公園に隣接する八幡社にある武田信玄と上杉謙信一騎打ちの像

「川中島合戦図屏風」（岩国美術館蔵）に描かれた一騎打ちの場面

有名な三太刀の場面であるが、「後から聞いたところ、乗り寄せた武者は輝虎（謙信）だったそうだ」となっていて、謙信と断定してはいない。それなのに一騎打ちが真実だと主張されたのは、永禄4年（1561）10月5日に近衛前久《このえさきひさ》（前嗣《さきつぐ》、戦国時代から江戸時代初期にかけての公卿）から謙信に宛てた、次の書状の記載からである。

今度信州表《おもて》において、晴信に対し一戦を遂《と》げ、大利を得られ、八千余討ち捕られ候《そうろう》こと、珍重《ちんちょう》の大慶《たいけい》に候。期せざる儀に候と雖《いえど》も、自身太刀討ちに及ばるる段、比類無き次第、天下の名誉に候。

謙信自らが「自分は晴信と戦って大利を得、八千人余りを討ち取った、自分でも太刀討ちをした」と前久に知らせたからである。大量殺戮《さつりく》兵器である大砲や大量の銃がない中で、8千もの敵を討ち取ることなど到底できないであろう。

謙信は自ら太刀討ちに及んだとは言っても、信玄と一騎打ちしたとは述べていない。この部分は謙信が公家に対して、自分がいかに勇敢に戦ったかを宣伝するために記したことを、前久がそのまま繰り返したものであって、謙信の活躍を大げさに誇張している。従って、近衛前久の書状は謙信と信玄との一騎打ちの確実な史料ではない。

正徳《しょうとく》5年（1715）に増補した『武田三代軍記』には、次のようにある。

謙信がただ一騎、三尺六寸の太刀を抜きはずし、真っ先に馳せ出た。謙信の床几備えも我劣らじと真甏《まっしぐら》になって義信の備えに切って入ったので、御曹司《おんぞうし》（義信《よしのぶ》）の備えも崩れた。信玄の床几の備えは、謙信が真一文字に馳せ入ったので、前後の近習《きんじゅう》あるいは老人共は、今はこれまでと思い、大将の目前で涼しく討ち死にをしようと死に物狂いで働いた。謙信は信玄を求めかねてここかしこと尋ねたが、隠居の老人七、八騎が同じ色のいでたちだったので、見極め難かった。信玄を見るやいなや、馬上より三刀まで斬りつけた。この時、金丸平八郎（土屋昌続《つちやまさつぐ》）・真田源五郎（昌幸）・原大隅守（虎吉）が信玄の床几を取り囲んで一足も退かずに働き、謙信を取り籠めて討ち取ろうとしたところ、原大隅守が信玄の持ちやりを持って、謙信の総角《あげまき》（揚巻。鎧の背や兜の鉢の後ろの環に付けた揚巻結びの緒）と思うところをどっと突いた。謙信はやりの実をよけたので、返すやりで兜のみねより馬の組違いにかけて拝打《おがみう》ちに打ったところ、馬が四足を払って駈け出た。謙信は馬から逆さまに落ちたが郎従が走り来て自分の馬に掻き乗せ、犀川の方に落ちて行った。（意訳）

ここでは明らかに、謙信と信玄の一騎打ちになっているが、この本は後世に『甲陽軍鑑』を時代順にわかりやすくしたものである。

上杉方では、どのように伝えていたのだろうか。慶長《けいちょう》20年（1615）に清野《きよの》助次郎・井上隼人正《はやとのしょう》が書き、寛文《かんぶん》9年（1669）に写したという『川中島五箇度合戦之次第《かわなかじまごかどかっせんのしだい》』では次のようになる。

天文《てんぶん》二十三年（1554）八月十八日、信玄が三十騎ばかりで御幣川《おんべがわ》（長野市篠ノ井）を引き退いたところ、謙信は川の中に乗り込み、二太刀斬りつけたので、信玄も太刀を合わせて戦った。武田の侍どもが謙信を中に取り籠めたが、なかなか彼に近づけなかった。やがて信玄と謙信は押し隔てられた。謙信は人間の挙動でなくて、鬼神のようだった。その時には謙信と知らず、甲州方で越後侍の荒川伊豆守《いずのかみ》（長実《ながざね》）だと取り沙汰したという。後に謙信と聞いて、討ち止めるべきだったのに残念だと皆で話した。（意訳）

なんと、上杉方の伝える一騎打ちは武田方の伝える内容と、年代も場所も異なるのである。しかし、私は御幣川での一騎打ちがテレビや映画などに登場したのを見たことがない。

本当はどちらが勝ったのか

川中島合戦直後の9月13日、謙信が色部修理進《いろべしゅりのじょう》（勝長《かつなが》）に宛てた感状には、次のようにある。

去る十日信州河中嶋において、武田晴信に対し一戦の刻、粉骨《ふんこつ》比類なく候、殊《こと》に親類・被官人・手飼いの者、余多《あまた》これを討たれ、稼ぎに励まれるによって、凶徒数千騎を討ち捕らえ、大利を得候事、年来の本望を達し、また面々の名誉、この忠功政虎一世中亡失べからず候。

これによれば圧倒的な上杉軍勝利で、武田軍の数千騎を討ち取ったという。同様の感状がこの他にも5点知られている。

騎乗の者の下には家臣が控えていたはずなので、そうした者を含めるなら1万人を超す者の首を取った可能性が高くなる。現実問題として、武田家の軍勢で馬に乗ることのできた人が数千人もいたとは考えられず、勝利を宣伝するための誇張表現であろう。実際、この時の感状は言葉だけの感謝であって、知行宛行《ちぎょうあてがい》などがなく、受取人に利益を明示している信玄の感状と大きな差がある。

前掲の永禄4年（1561）10月5日、近衛前久が謙信に出した書状によれば、謙信は大利を得て敵8千余を討ち取ったと主張していた。『甲陽軍鑑』は武田方の死者が4630人というので倍近くになり、この通りなら武田軍は壊滅的な打撃を受けたことになる。

永禄4年10月晦日《みそか》、信玄が山城《やましろ》の清水寺成就院《きよみずでらじょうじゅいん》（京都市東山区）へ宛てた書状は、次のように記されている。

恒例の如く使僧に預かりました。殊に本尊像・巻数《かんじゅ》・扇子・杉原《すいばら》等ならびに綾《あや》一端送っていただきましたことを、うれしく思います。今度、越後衆が信州に出張して来ましたので、乗り向かい一戦を遂げて勝利を得、敵三千余人を討ち捕りました。誠にこれまで抱いてきた多くの人の恨みを悉《ことごと》く目の当たりに退散させました。よって当年、伊奈郡《いなぐん》面木郷《おもてぎ》（伊那市）を寄附いたします。そちらの領地に入れていただければめでたく存じます。この外に万疋の地を、只今お渡ししたいのですが、今も市川・野尻（上水内郡信濃町）両城に残党が楯籠《たてこ》もっているようで、その対応に追われています。定めて雪が消えれば、彼らは退散するでしょう。そうなったら名所を書き立て、わざわざ進納するようにいたします。（意訳）

信玄は、敵の3千余を討ち取ったとする。これは『甲陽軍鑑』の3470人より少なく、謙信の書状内容に比べると具体性がある。いずれにしろ双方ともに勝利を宣伝し、多くの敵を討ったと主張したのである。

現在の山梨県（南都留郡）富士河口湖町《ふじかわぐちこまち》に住んだ僧侶が記した『勝山記《かつやまき》』（異本が『妙法寺記《みょうほうじき》』）は次のように書く。

この年の十月（実際は九月）十日に、晴信（信玄）公が景虎《かげとら》（謙信）と合戦をなされ、景虎の人数はことごとく討ち死にした。甲州では晴信御舎弟の典厩《てんきゅう》（信繁《のぶしげ》）が討ち死にされた。その中で郡内《ぐんない》（甲斐・山梨県の都留郡《つるぐん》一帯を指す呼称）の弥三郎《やさぶろう》殿（小山田信有《おやまだのぶあり》）は、本人が参陣せずに配下の者たちだけが出立したが、彼らは横槍を入れ敵陣を崩し、近国に名を上げた。（意訳）

筆者が住む郡内の者たちが大きな戦功を挙げたという情報が、流されていたのである。永禄5年（1562）5月16日に快川紹喜《かいせんじょうき》が信玄に宛てた書状には、「去年河中島に百戦百勝以来、甲軍の威風天下に遍《あまね》く、武名日東に高し。（中略）越軍の残党、その名あれども無きが如く、憐れむべし、抑《そもそ》も典厩公の戦死、惜しみてもなお惜しむべし」とある。信玄の弟信繁の死も伝えられていたが、勝利は武田方だとしている。

永禄4年（1561）9月10日に川中島において、武田軍と上杉軍の激戦があったことは事実である。しかしながら、川中島合戦の常識と認識しているような「きつつきの戦法」や「鶴翼《かくよく》の陣」「車掛《がか》りの陣」などは、日常的訓練をしていない軍勢、しかもそれぞれ独立性が強い戦国時代の家臣団に実現できるはずがなかった。このことは、関ヶ原合戦でこうした戦法がとれなかったことでも明らかだろう。この本が軍学書だからこそ、陣形などが前面に記されているのである。

川中島合戦に限らず、私たちが歴史事実として常識だと思っている事柄は、案外事実でない。多くの人が知りたいと考える川中島合戦の実態は、古文書や記録などからは見えてこないのである。人数の大小を問わず、この戦いで多くの人が戦死し、負傷した。彼らには家族があり、悲しむ人もいたはずである。そうした人たちの嘆きは置き去りにされ、信玄や謙信だけが浮き彫りにされる歴史解釈でよいのだろうか。

義の人？　謙信のなで切り

上杉謙信というと「義」のイメージが強い。長野県の松本地方で行われる飴市《あめいち》や塩市《しおいち》の起源では、塩留《しおどめ》で困った人々を助けるために、謙信が塩を送ったとする伝説が語られる。しかし、事実は確認できず、近代になってから流布する伝説であるにもかかわらず、敵に塩を送った謙信は義の人で特別だと理解する人が多い。

天文20年（1551）、長尾景虎（謙信）は坂戸城《さかどじょう》（新潟県南魚沼市）の城主だった同族の長尾政景《まさかげ》と対立し、政景方だった発智長芳《ほっちながよし》の母親や妻子などを奪った。正月18日、政景は発智に宛てて書状を書いた。

今度御老母・御足弱《あしよわ》ならびに息達、敵へ引き取り候、誠にもって是非なく、口惜しき次第に候、なお使い口上申し付け候。

「足弱」とは、歩く力が弱い者、つまり老人・婦人・子供などのことである。文意は「今度あなたの御老母・奥方ならびにご子息を敵が引き取ってしまった。このことは本当にやむを得ないが、残念で悔しいことである。なお使者が直接口上によって伝えるように申し付けた」である。謙信は敵の城主の老母・妻・子供を拉致《らち》したことがわかる。

同じ日、栗林経重《くりばやしつねしげ》も発智へ書状を送っている。

一昨日啓せしめる如く、今度老母様・御内儀様ならびに御息、悉《ことごと》く敵方へ引き取り申し候、誠にもって念なく口惜しき次第に候。

政景たちは、発智長芳の母親や妻子などを謙信に奪われたことが悔しいと伝えている。永禄9年（1566）2月、長尾輝虎（謙信）は常陸《ひたち》の小田城（茨城県つくば市）を攻めた。この城は、上杉方の佐竹《さたけ》氏が立て籠もっていたが、本来の城主である小田氏治《おだうじはる》が取り返した。謙信は小田城を再度攻撃し、すぐ開城した。『別本和光院和漢合連《べつほんわこういんわかんごうれん》』に次の記述が残る。

九丙寅《ひのえとら》（永禄九年）二月十六日、小田開城、カゲトラ《(景虎)》ヨリ御意ヲモツテ、春中人ヲ売買事、廿銭三十弐程致シ候。

小田城の開城後、景虎（謙信）の意向に従って、合戦でさらってきた人々を二十銭から三十二銭で売りに出したのであろう。謙信は人身売買を許可していたのである。

謙信と名を変えた後の天正《てんしょう》2年（1574）かと思われる年、謙信は太田三楽斎《おおたさんらくさい》（資正《すけまさ》）に次のような書状を送った。

先の手紙で申し上げたように、内々に越後を出発して、飛脚《ひきゃく》で申し届けようとしたが、こちらの状況で見合わせ、予定が遅れている。しかしながら、お問い合わせの件については飛脚で返答した。それ以来、打ち続いて放火すべきところ、沼田（群馬県沼田市）の北条氏政が抱えてきた仁田山《にたやま》（群馬県桐生市）に向かい、横瀬（由良成繁《ゆらなりしげ》）が地の利を知って、堅固に守備している城を攻撃した。十三日より仁田山城に取り詰め、十五日には即時に攻めて、彼の城に籠もる者共、一騎一人残らず、男女ともに悉くなで切りにした。（意訳）

謙信は自ら、城に籠もっていた者をすべて、片端から切り捨てたと言っているのである。

常陸の大名である佐竹義重《よししげ》は同じ年、次のような書状を謙信に送った。

いただきましたお手紙で今度越後を出発されたと承りました。そこで、去月使いをもって申し届けましたが、通路が断絶しており、今もそちらへの途中だとのことです。ところが、あなた様から御使僧に預かりました。本望の至りです。それによれば、新田《にった》・金山その外を悉く打ち散らされ、とりわけ猿窪地の近くにある陣地を攻め落とされ、男女とも残らず討ち終えたということで、御つくろいが始まらないようですが、どうしようもありません。（意訳）

謙信は、新田（群馬県太田市）、金山（同）その他をことごとく打ち散らし、とりわけ猿窪地の近くに陣を張り、「男女とも残らず討ち終え」たと、佐竹義重に連絡していた。このように、上杉軍も上野《こうずけ》で殺戮を繰り返しており、義の人謙信といったイメージのみで歴史を語ってはいけないのである。

前述の金山城から南東へ直線距離で10キロほどのところに、世良田山長楽寺《せらださんちょうらくじ》（太田市）がある。長楽寺の住持賢甫義哲《けんぽぎてつ》が書いた『長楽寺永禄日記』によれば、永禄8年（1565）4月29日、この地の足軽たちが利根川を超えて、敵の北条方に止められたと連絡が入ったので、緊急連絡用の法螺貝《ほらがい》を鳴らし、門前の者たちを川端に駆けさせたが、彼らは「人馬ヲトリ」無事に帰ってきたという。足軽たちは敵領に行って、人や馬を略奪してきたのである。

2月20日の記事には、敵の北条方の十騎ばかりが乗り込んで、八木沼（伊勢崎市）近辺まで来たので、左衛門二郎が早く出て対応し、「馬を取りて行くを河端にて追い落と」したとある。敵もこちらにやって来て、略奪をしていた。

江戸時代の初頭に成立した『北条五代記』には、次のような内容が記載されている。

昔、北条氏直《うじなお》（1562～91）と里見義頼《さとみよしより》（1543～87）が戦っていた頃、相模《さがみ》（神奈川県）と安房《あわ》（千葉県）両国の間に入海《いりうみ》（東京湾）があって、船で簡単に渡海ができた。そのため、敵も味方も兵船を多く有し、戦いは止むことがなかった。夜になると、敵方から小船一、二艘で盗みに来て、浜辺の里を騒がすこともあった。

ある時には、五十艘、三十艘で海を渡ってきて浦里を放火し、女や童を生け捕りにして、すぐさま海に戻って行った。島崎（神奈川県横須賀市）などに住む者は、私的に敵方と和睦し、「半手《はんて》」と号して敵方へ貢米を運送して、夜も安心して住んでいたという。そこで生け捕りにされた男女を敵方へ内通して買い返す者もあった。（意訳）

領域を越えて、船で人を生け捕りにし、商品としていたことがわかる。戦争の時代、人や物資の略奪は日常的に行われていたのである。

2　戦乱が生み出す奴隷たち

略奪の横行

人を殺すことは現代社会においても大変な犯罪である。にもかかわらず、戦争になると当たり前のように大量殺戮《さつりく》がなされ、多く殺した者が賞賛される。戦国時代はその名称からしても、日本の歴史の中で、戦争が最も頻繁になされた時代の一つだった。岩国美術館所蔵の「川中島合戦図屏風」を見てほしい。

戦争で軍功を認められるためには、敵の首を取らねばならない。この屏風には、敵の首を得るために兜《かぶと》を脱がし、喉輪《のどわ》を外して、小刀で首を切り、首級を取ろうとしている状況が描かれている。首を取っていると無防備になるので、敵がさらにその首を狙う。二重、三重に首を取り合う様子も見える。

戦争では人の首を取ることを含めた略奪行為が横行したが、それを行ったのは必ずしも兵士たちだけではなかった。

『川中島五箇度合戦之次第《かわなかじまごかどかっせんのしだい》』では、天文《てんぶん》23年（1554）8月23日、上杉軍は武田軍を御幣川《おんべがわ》（長野市篠ノ井）に追い詰め、引き退こうとした信玄を、謙信が川の中に乗り込んで二太刀斬りつけた。この戦いは8月18日未明、甲州の先手《さきて》であった高坂昌信《こうさかまさのぶ》配下の100人ばかりの足軽が、越後《えちご》の陣所から出て駆け回っていた20人から30人の草刈りたちを捕まえようと、追い回したことから始まった。上杉軍は最初から、高坂の足軽が駆け出してくるのを想定していて、夜のうちから待ち伏せしていた村上義清《よしきよ》と高梨政頼《たかなしまさより》配下の足軽大将以下の者200人から300人が、高坂の足軽を引き包み、もらさず討ち取ったのである。

明治13年（1880）に原村（長野市川中島町）が出した村の記録によれば、上杉軍は原村の千本松原に本陣を置き、馬のえさ用に朝になると草刈りをしていた。草を刈っていたのは、上杉氏によって村などに割り当てられた人夫、つまり現地の百姓たちだった。上杉軍は、草刈り役夫《やくぶ》を偽の兵として武田軍を誘い出し、1日に17度の戦闘に及んだ、との伝承があった。この時、高坂昌信が逃げ走り、真田幸隆と保科正俊《ほしなまさとし》が彼を助けて兵を退かせたので、世間で「高坂弾正逃げ弾正、真田弾正鬼弾正、保科弾正槍弾正」と称すようになったという。

こうした中で、中条藤資《ふじすけ》が「小荷駄《こにだ》を警固仕り候所へ、塩崎百姓数千起り、小荷駄を奪うゆえ、中条これを切り払い、散々に戦い候」という事態が起こった。藤資が小荷駄隊（戦争に必要な兵糧や弾薬、陣地設営道具などを運ぶための人夫・駄馬、及びそれを率いる部隊）を警護していると、塩崎（長野市篠ノ井）の数千人の百姓が襲ってきて荷物を奪ったので、中条は彼らを切り払い、散々に戦ったという。

小荷駄を運んでいたのは、足軽や百姓から強制的に取り立てられた陣夫《じんぷ》だった。正規の武士たちは戦争の最前線にいるからである。このため、しっかりした武装をしておらず、警固もそれほどでない上に、喉から手が出るほど欲しい食料などを運んでいたので、地元の百姓たちが襲ったのである。ちなみに最初に記した「川中島合戦に見る戦争の実態」のように、『甲陽軍鑑《こうようぐんかん》』などは小荷駄隊の兵糧や弾薬などの輸送に触れていない。

合戦の場で互いに首を取り合う兵士たち（「川中島合戦図屏風」（岩国美術館蔵）より）

塩崎村の百姓集団が、上杉軍の荷駄隊に襲いかかる（「紀州本川中島合戦図屏風」（和歌山県立博物館蔵）より）

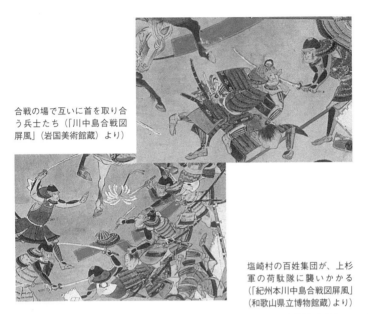

百姓といっても武装しており、ほとんど足軽と変わらなかった。彼らは黙って武士に従っていたのではなく、機会があったら利益を得ようとしていたのである。数千人が蜂起したというので、自然発生的な略奪ではなく、地域全体が協力して、食料の略奪を狙ったものであろう。

「紀州本川中島合戦図屛風」（和歌山県立博物館所蔵）は、天文23年（1554）8月18日の信玄と謙信の戦いを描いている。右隻の二・三扇の上部は、上杉方の中条越前守《えちぜんのかみ》（藤資）が守る小荷駄隊に、塩崎村の百姓集団が襲いかかる場面である。百姓たちが腰に刀を差し、槍や弓をもって武士と戦い、荷物を奪い取っている。こうした略奪行為も当時の社会には広くあった。

落城と人狩り

中世でも人を誘拐して売ることは犯罪であった。しかし、戦争に巻き込まれて人が捕らえられ、売られていった事実も多く残る。信州の事例を確認してみよう。

天文16年（1547）7月、甲斐の武田軍は、信濃国佐久郡の笠原清繁《きよしげ》が籠もる志賀城（佐久市）を攻めようとした。

『勝山記《かつやまき》』は、志賀城を「シカノ要カイ」としている。ヨウガイ（要害）とは、地形がけわしく守りに有利な場所をいう。信玄などが住んだ武田氏の館《やかた》（躑躅ヶ崎館《つつじがさき》）に対して、逃げ込むための山城《やまじろ》が要害城《ようがいじょう》であった。志賀城の大手口に当たる場所には、笠原氏の居館跡候補とされる雲興寺《うんこうじ》がある。笠原氏は平地に日常生活を送る居館を置き、いざという時には背後にある山城の志賀城に逃げ込む用意をしていた。

武田の軍勢は志賀城に取り詰め、志賀城へ飲料水を引き込む水路である「水の手」を切った。水の手を切ることができたのも、山城であるがゆえである。

8月に入ると、笠原清繁を支援に来た上野《こうずけ》の高田憲頼《のりより》軍を、武田軍が迎え撃った。武田軍は相手の大将14、15人と雑兵3千ばかりを討ち取ると、その首を志賀城のまわりにことごとく掛け、見せつけた。飲料水の欠乏にあえぎながら城に籠もっていた城中の人々は、これを見て戦う気力を失った。

8月10日正午に外曲輪《くるわ》が焼かれ、午前1時頃には二の曲輪も焼失した。翌日、笠原父子、高田憲頼父子、笠原氏の家老をはじめ３００人ばかりが討ち死にして、ついに志賀城は落城した。

城を落とした武田軍は次のような行動を取った。

要害城であった信濃国佐久郡の
志賀城（佐久市）を遠望する

志賀城主の墓と伝わる五輪塔

男女ヲ生ケ取リニ被成《なられ》候て、悉《ことごと》ク甲州ヱ引越申候、去程ニ二貫・三貫・五貫・拾貫ニテモ、身《（親）》類アル人ハ承《（請）》ケ申候。（原文）

志賀城の中には、武士やその妻子だけでなく、身の安全を守るために周囲から集まった多くの男女が籠もっていた。彼らは落城とともに武田軍の人狩りの対象とされ、男女の区別なく甲州に連れて行かれた。親類のある者は、二貫から十貫を払えば身請けされた。身請けの金額は、連行された人の年齢や性別、支払う側の能力などによって決められたのであろうが、実際には捕虜の売買である。身代金の強奪ということもできよう。

ヨーロッパ中世では、戦争の捕虜を親族などから身代金を取って解放したことが知られているが、日本でも戦争に際して利益の一つに身代金があった。親類のある人は身請けされるが、親類のない人は連行してきた人々によって牛馬のごとく使役されたか、奴隷としてよそに売られたのだろう。布教のために日本語の辞書を必要としたイエズス会宣教師が作った日本語のポルトガル語辞典『日葡辞書《にっぽじしょ》』（慶長《けいちょう》8年（1603）に本編、翌年補遺を長崎で出版）は、「奴《やっこ》」を「下僕、奴隷、または捕虜」と説明するが、戦争は勝利者にとって奴隷を得る場でもあった。

志賀城落城の人狩りが特別だったわけではない。『勝山記』には他にも事例が記されている。

天文5年（1536）、甲州勢は相模《さがみ》の青根《あおね》の郷（神奈川県相模原市）を侵略し、「足ヨハ《（弱）》ヲ百人計《ばかり》御取候」とする。甲州勢は100人もの老人・婦人・子供などの弱者を甲斐に連行したのである。

天文17年（1548）に信州佐久郡に出馬した武田軍は、村上義清に味方した大将をことごとく討ち殺し、5千ばかりの首を取って、男女の生け捕り数を知らずという戦果を挙げた。戦争の利益は、生け捕る人の数によってもはかられた。天文21年（1552）に小《こ》岩《いわ》嶽《たけ》城（安曇野市穂高）を攻め落とした時、「打取ル首五百余人、足弱取ル事数ヲ不知《しらず》」と伝えている。翌年の天文22年、信玄が村上義清方の信州塩田の城（上田市）を自ら落城させた時は、1日のうちに要害16を落とし、「分取リ高名足シ弱ハ生ケ取リニ取申候事、後代ニ有《ある》間《ま》敷《じく》候」という大戦果を挙げたとする。

生け捕りにされた足弱たちは、攻め入った武田軍にとって分捕り品として認識された。戦国時代の戦争では、人狩りが当たり前になされていたのである。

戦争で人を狩るありさまは、『甲陽軍鑑』にも見られる。前述したように、『甲陽軍鑑』に

小岩嶽城跡にたつ戦死者の供養碑

武田軍に攻め落とされ、数えられないほどの足弱が生け捕られたと伝わる小岩嶽城跡（安曇野市）

は事実とは言えないこともあるが、社会的な習慣など戦国の状況をよく伝えている。人狩りの様子を確認したい。

武田方の高坂昌信は、川中島合戦で大勝した勢いで、長沼（長野市）・飯山（飯山市）を手に入れた。自ら大将になって、関山《せきやま》（新潟県妙高市）の向こうまで放火し、上杉謙信のいる春日山城《かすがやまじょう》（上越市）に七十里から八十里のところまで動いた際、越後の者を「乱取り《らんど》」して召し使った、と記している。「乱取り」とは、敵地に乱入して物品をかすめ取る、略奪のことである。この記載は人を捕まえてきて、奴隷として酷使したことを意味する。志賀城などで行われた人狩りも、乱取りによってなされたのであろう。

天文11年（1542）10月、武田軍は長野県茅野市と長和町の境にある大門峠《だいもんとうげ》を越えて陣取った。海尻《うみじり》（南佐久郡南牧村《みなみまき》）へ進軍するまでの間、雑役を仕事とする身分の低い悴侍《かせざむらい》衆や下々の者たちが、さまざまな略奪を行った。彼らは「あと4日で逗留《とうりゅう》が終わるので、少し遠くに乱取りに行こう」と朝早くから出かけて行った。彼らは戦争の間に略奪に出かけ、分捕り品や捕まえた人を収入としていたのである。

その夜、武田軍の侍大将が、諏訪明神の使いが「ここに逗留中は乱取りは無用である」と告げる夢を見て、次の朝から乱取り禁止を申し付けた。この記述からも乱取りが認められていたことがわかる。

永禄《えいろく》6年（1563）2月、信玄は上野の国峰城《くにみねじょう》（群馬県甘楽町）の小幡図書助《おばたずしょのすけ》（景純《かげずみ》）を攻めるために、上野の南牧《なんもく》（群馬県甘楽郡南牧村）に着いた。計略に従って火を付け、鬨《とき》の声を上げると、敵は驚いて逃げた。武田軍の悴者《かせもの》・小者《こもの》・歩者《かちもの》など、ふだんは雑役に従事し、戦場では主人の馬先を駆走した軽輩の者たちは、方々に逃げた者たちからさまざまなものをはぎ取った。次の日まで国峰城で多くの乱取りがなされた。しかも、敵方が混乱に陥った際に略奪している。

信玄は永禄11年（1568）、駿河《するが》に侵入した時、御小人頭《おこびとがしら》の二人と二十人衆頭の二人、合わせて四騎の者に「乱取りのようにして、雑人《ぞうにん》に紛れ、早く今川の御館に火をかけよ」と命じ、駿府《すんぷ》（静岡市）の城を焼いた。この記載からも、乱取りは身分の低い「雑人」が行うもので、正規の武士のすることでなかったことがわかる。

武田軍が元亀《げんき》元年（1570）10月、駿河山西島田（静岡県島田市）において乱取りをした際、この「狼藉《ろうぜき》なる動き」に応じて、徳川家康は織田信長の仲介で、大井川を武田と徳川の境にすると約束した。乱取りは基本的に理不尽に他を犯す乱暴だと認識されていた。高坂昌信は、「法度やよろずの善悪を知らない人は、貪《むさぼ》るばかりで武士道のわきまえがなく、乱取りばかりにふけって、人を討つ心が少しもないので、戦に連れて行くのを嫌う」（意訳）と述べている。ここでも乱取りは武士道にはずれた行為だとされている。

戦国時代の戦争で、人狩りや略奪が広く行われたことは間違いない。それではこうした行為は、何を目的にしていたのであろうか。

乱取りは正規の武士のすることではなかった。武士ならば、戦争に勝利すると軍功に従って恩賞が得られる。ところが、武士の従者や動員された百姓にはそうした利益がない。彼らにとっては勝ちに乗じての略奪や人狩りこそが取り分だった。せっかく戦争に来て命をかけて勝利を得たのなら、自分たちも利益が欲しい。急いで分け前にあり付きたいと考えた。これを完全に禁止したら、兵力は大きく落ちる。そのため、戦国大名は乱取りを認めざるを得なかった。

戦争に動員されたのは、嫌々ながら連れてこられた者だけではなかった。一獲千金《いっかくせんきん》の夢を抱いて自らやってきた者も多かった。従って、信玄のもとで甲州軍が勝利を続ける限り、利益に預かる甲州の人々にとって、信玄は実にりっぱな殿様だった。逆に自分の財産を略奪され、場合によると自分の身体や生命さえも奪われた敗者の側にとって、信玄は最悪の人物だった。山梨県に行くと、信玄は神にも等しい偉大な人と評価される。しかし、長野県の北側や群馬県の住民の中には悪魔のように理解する人もいる。これは歴史的な立場の差によるといえよう。

社会の基底に人権を認められない奴隷が存在していた戦国時代にあって、戦争が多くの奴隷を生み出す場であったことを忘れてはならない。武士の華々しさが取り上げられるが、とりわけ侵略される民衆の側からすると、戦争は惨劇の源泉でもあった。

江戸時代、豊臣秀吉の事跡を絵入りで描いた『絵本太閤記《たいこうき》』の中に、越前《えちぜん》の朝倉義景《あさくらよしかげ》が討たれた後の状況が次のように記されている。

名のある武士の妻妾や子女は東西に走り、南北に転び、どこを目指すともなく逃げ惑った。これを心ない雑人下部《しもべ》どもが奪い取って乱暴した。中でも哀れだったのは、まだ20歳にも足らない麗しい女子を、雑兵が7、8人集まってあばら屋に引き入れて、はしたなく戯れたため、彼女がかたわらの古井戸に身を投じて死んだことだったという。

後代に書かれたとはいえ、戦争の混乱の状況がよく示されている。ここでも悲惨な目に遭っているのは女性と子供であった。

敵に嫁いだ女性たち

『勝山記』の享禄《きょうろく》3年（1530）の条に、次のような記載がある。

慶長20年（1615）の大坂夏の陣を描いた屛風には、戦場で行われていた人狩りや略奪が詳細に描き込まれ、逃げまどう女たちや捕まった男、身ぐるみはがされた女などが見える（「大坂夏の陣図屛風」大阪城天守閣所蔵）

関東ヨリ川越殿《かわごえどの》ト御重宝《ごちょうほう》ニテ、乗リ房サノ上様ウハイ取申候テ、武田殿ノ御前ナヲシ御申候。（原文）

この「川越殿」は扇谷《おうぎがやつ》上杉氏の朝興《ともおき》のことで、当時、信玄の父である武田信虎《のぶとら》と結んでいた。「乗リ房サ」とは山内上杉氏の憲房《のりふさ》のことで、永正《えいしょう》18年（1521）に扇谷朝興と戦って破ったが、両者の戦いは続いていて、朝興は自分の立場をよくするために、憲房の「上様」を奪ってきて信虎に渡したのである。

「上様」が「かみさま」（『妙法寺記《みょうほうじき》』では「上」に「カミ」のふりがながある）だとすると、上杉憲房の奥方の意であり、憲房の母親の可能性もある。憲房の年齢から、母親だとすると70歳ぐらいだろうか。「御前」を「ごぜん」と読むと大名や格式の高い家などの妻の敬称であり、奥方の意味なので、信虎の側室にしたことになる。『妙法寺記』では「御前」が「御乳」になっている。「御乳」を「おちい」と読むと乳母《うば》の意味になり、この場合には信虎の嫡男、信玄の乳母となる。どちらにしても、朝興は敵の母か妻を奪い、同盟関係にあった信虎に渡したことがわかる。

信玄と敵の女性の関係で注目されるのは、一般に「諏訪御料人《すわごりょうにん》」として知られる武田勝頼の母である。彼女の父、諏訪頼重《よりしげ》は天文11年（１５４２）、信玄と高遠（伊那市高遠町）の諏訪頼継《よりつぐ》の連合軍に攻撃され、武田方の和議の申し入れを受諾して甲府で自刃した。頼重の死によって、名門である諏訪惣領家は滅亡した。

頼重の娘が信玄の側室になった時期や年齢は不明であるが、天文15年（１５４６）に信玄の四男に当たる勝頼を生んだ。彼女のお墓は高遠町の建福寺《けんぷくじ》にあり、同寺「鉄山録《てつざんろく》」の諏訪氏十七回忌頓写《とんしゃ》法華経銘から、彼女が弘治《こうじ》元年（１５５５）に亡くなったことがわかる。信玄のもとにいたのは短い期間であった。

彼女の名は伝わらず、井上靖の小説『風林火山』では由布《ゆう》姫、新田次郎の小説『武田信玄』では湖衣《こい》姫とされ、『風林火山』では彼女が岡谷市の観音院（小坂観音院）で暮らしたように描かれており、昭和38年（１９６３）に供養塔が建てられた。

伊那市長谷の池上家に次のような文書が伝わっている。

定め

太方様へ年来別して奉公致すの由、言上候の間、五貫文の所下し置き候。いよいよ御細工の御用疎略《そりゃく》致すべからざるの由、仰せ出さるるものなり。仍《よ》って件《くだん》の如し。
天正六年 戊寅《つちのえとら》
十月十五日　跡部美作守《あとべみまさかのかみ》・小原丹後守《おばらたんごのかみ》　これを奉《うけたま》わる。
池上清左衛門尉

「太方様へ年来特別に奉公してきたと言上してきたので、五貫文の所領を与える。これまでにも増していよいよ御細工の御用を疎かにすることのないようにと、武田勝頼公が仰せになられた」との内容である。宛名の「池上清左衛門尉」には「殿」といった敬称文言が付いていない。彼は「御細工」の御用をしているが、池上という名字と仕事の内容からして、大工の前身である「番匠《ばんしょう》」が職業といえる。池上清左衛門尉は、勝頼にとって「太方様」に当たる人に特別奉公していた。「太方」を太母《たいぼ》と読むなら、祖母の意味になる。

勝頼の母、諏訪御寮人は、諏訪頼重と側室の小見《おみ》氏の間に生まれた。一般に小見氏は麻績《おみ》氏（麻績村）だとされるが、古見《こみ》氏（朝日村）だとの説もある。頼重が亡くなってから娘の生んだ勝頼が高遠を領すると、ここに移り住んだのであろう。

池上家にはこの文書に関係して、次のような古文書も伝わる。

此《この》とし月むそく《(無足)》にてほうこう《(奉公)》申により、御屋形《(武田勝頼)》さまへ御わひ《(詫)》事被申《もうされ》、五くわん《(貫)》文の所
申こいくた《(下)》され候、いよいよゆたん《(油断)》なくほうこう《(奉公)》あ［　　　　、りようしよを
□、あとへミまさか《(跡部美作)》・おはらた《(小原丹後)》□□［　　おほせ《(仰)》つけ、れん□□にてくた《(下)》され
候、いよいよ御上へさま《(様)》へ御ほうこう《(奉公)》候へく候、御さうしさま《(曹司様)》へも、すへすへ《(末々)》まて
も、あんおん《(安穏)》のむね《(旨)》［　　］しん［　　心やす《(安)》くそんし《(存)》［　　、いつか
た［　　　　候ハバ、御印判をさき《(先)》として、れうしよ《(領所)》のれんはん《(連判)》このかき物をもつ
て申へく候、五《(後)》日のため、
つちのへとら《(戊寅、天正六年)》（朱印・印文未詳）
十月吉
せいさへも《(清左衛門)》□

「これまで領地等も無くて私に対して奉公してくれたので、御屋形様（勝頼）にお願いした結果、五貫文の所領を下されることになった」と知らせ、「領所については跡部美作（勝《かつ》

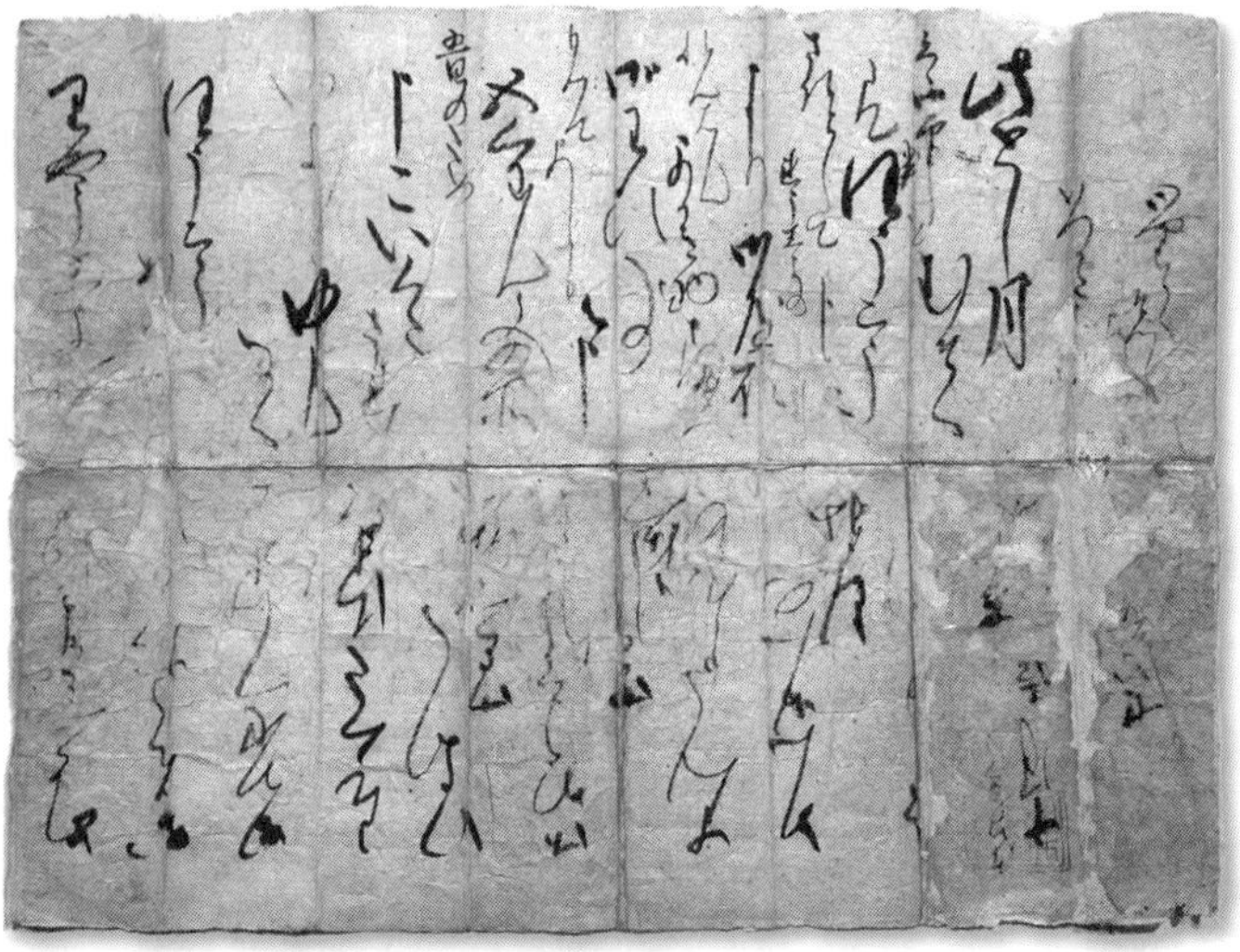

池上家（伊那市）に伝わる武田勝頼の祖母が書いた印判状

小坂観音院（岡谷市）にある武田勝頼母の供養塔

忠《ただ》）と小原丹後（継忠《つぐただ》）が責任者になることになった」。だから、これまで以上に上様へご奉公するようにとして、所領を与えることの証拠としてこの書状を与える、との内容である。

注目すべきは、この文書を書いた女性が文字を書き、印章を持っていたことである。武田氏に関係する古文書で、女性が印章を用いて出した文書は、この1点しかない。しかも、彼女は勝頼に対し「この者に所領を与えてほしい」と言える立場だった。このことからしても彼女が勝頼の祖母である可能性は高い。

番匠の池上和泉《いずみ》に対する、次のような文書も残っている。

定め

当職の奉公勤めしむるにより、向後郷次《きょうこうごうなみ》の御普請役、一切御免許あるの由、仰せ下さるるところ也。仍って件の如し。

秋山宮内丞《くないのじょう》　これを奉《うけたま》わる。

戊寅《つちのえとら》　十月十七日

和泉

「番匠としての仕事をしているので、和泉に対しては一般の百姓に賦課される普請役をかけない」と言っている。当時、高遠に住んでいた勝頼の祖母が、番匠の世話になって生きていたことは、戦国時代の女性の立場を考える上で一つの材料になる。

天文16年（1547）に武田軍が信濃国佐久郡の志賀城を落城させたことには、既に触れた。これについて『勝山記』は、志賀の要害が落城し、300人以上が討ち死にしたとして、「シカ殿ノ御上ヲハ小山田羽州《うしゅう》給テ、駒ハシ《（橋）》ヱ御同心御申候」と記す。落城した志賀城の城主、笠原清繁の「御上」が、信玄から小山田出羽守信有《でわのかみのぶあり》に与えられ、甲斐《かい》の駒橋《こまはし》（山梨県大月市）に連れて行かれたのである。

甲府勤番の松平定能《まつだいらさだまさ》によって文化《ぶんか》11年（1814）に編纂された『甲斐国志』は、駒橋の小山田信有妾宅の跡とされる場所が「御所」と呼ばれ、ある女房が住んで、朝夕大変もの悲しく涙がちに暮らしていたので、笠原氏の御上が住んだところではないか、と記している。伝承などによれば、夫人は21歳で、美貌と聡明、謙虚な人柄として近郷に名をなした。天文21年（1552）に小山田信有が他界した後、天正《てんしょう》6年（1578）に52歳の生涯を終えたという。

御上は笠原清繁の奥方だったのであろう。信玄は敵の城主の奥方を捕らえてきて、有力な家臣である小山田信有に与えた。自分の夫を殺した敵側に捕まり、妾とされた彼女の気持ちはいかばかりだったろうか。駒橋から北東に1・6キロほどの岩殿山城《いわどのやまじょう》の東、大月市七保《ななほ》町葛野《かずの》に宝林寺《ほうりんじ》がある。この寺の境内、後ろの山林の登り口に大きい五輪塔があるが、これが志賀城からこの地へ連れて来られた志賀夫人の墓だと伝わっている。

江戸時代の碩学《せきがく》、湯浅常山《ゆあさじょうざん》がまとめた『常山紀談』に、「信長公秋山伯耆《あきやまほうき》を刑し給ふ事」として次の話が載っている。

天正3年（1575）、織田信長は美濃《みの》岩村（岐阜県恵那市岩村町）の城を攻めて、秋山伯耆守晴近《ほうきのかみはるちか》（一般には信友《のぶとも》）を生け捕り、生きながら逆さ磔《はりつけ》の刑に処した。秋山は元亀2年（1571）、岩村城主の遠山内蔵助《くらのすけ》が病死した後、遠山の七家と称していた人々と講和し、計略を練って城を奪い、信長の叔母である内蔵助の妻を自分の妻とした。秋山は、遠山氏の継嗣で信長の子供である御坊丸《ごぼうまる》を甲州の信玄に送って、岩村を自らの居城としていた。それを信長が怒り、深く憎んだために、このような処罰をした。

磔《はりつけ》にされた時、秋山は「口惜しくも謀られてしまった。自分は信長と縁類の親しみがあるのに、このようにされたのは無念だ」と歯を噛《か》み、「信長の末を見よ」と罵《ののし》りながら、7、8日ばかり経って死んだ。その後、信長が武田攻めで陣を置いた法華寺《ほっけじ》（諏訪市）で食事をしていた時、小袖を着た女房が懐から錦の袋に入った茶入れを出して信長に見せ、「これは貴方も見覚えがあろう」と言った。信長はその茶入れを石に当てて打ち砕き、女房を切り殺した。彼女こそ秋山の妻で、信長の叔母であったという。

信長の叔母は、岩村城主だった遠山氏の婿が死亡したので、信長の末子御坊（勝長《かつなが》）を猶子《ゆうし》としていた。秋山が遠山氏と講和して叔母を妻とし、御坊を信玄に渡したことは事実である。

ちなみにこの法華寺は、明智光秀が徳川家康への供応の仕方が悪いと信長に打擲《ちょうちゃく》され、これが本能寺の変の一因になったとする俗説の舞台でもある。

お市の方は織田信長の妹で、美人の誉れが高かった。彼女は永禄6年（1563）に近江《おうみ》の北半部を領した浅井長政《あざいながまさ》の元に嫁ぎ、3人の娘を設けた。天正元年（1573）、長政が信長に攻められて自殺した時、お市は一緒に死にたいと望んだ。しかし、長政が子供を殺すに忍びないと言って、彼女と3人の娘を小谷城《おだに》（滋賀県長浜市）から出した。

お市は信長によって、信長の弟、上野介信包《こうずけのすけのぶかね》のもとに預けられたが、後に清須《きよす》（愛知県清須市）に移って扶持米《ふちまい》をもらい、子供たちと静かに生活していた。

天正10年（1582）に信長が死ぬと、お市は柴田勝家と再婚した。翌天正11年、柴田勝家は賤ヶ岳《しずがたけ》（滋賀県長浜市）で秀吉と戦って敗れ、居城の北庄城《きたのしょう》（福井市）に帰った。秀吉が足羽山《あすはやま》（福井市）に本陣を構え、夜中に本丸の土居際まで押し詰めると、勝家はお市に城を出るように勧めたが、彼女は一緒に死にたいと聞き入れなかった。この時、お市は自筆の書状を認《したた》め、秀吉に3人の娘のことを依頼したという。翌日、彼女は夫とともに死んだ。長女の茶々は後に豊臣秀吉の側室淀君（淀殿）となり、次女の初は京極高次《きょうごくたかつぐ》の妻、三女の江《ごう》は徳川秀忠《ひでただ》の妻となったのは周知の通りである。

慶長12年（1607）頃、尾張《おわり》清須朝日村（愛知県清須市）の住人だった柿屋喜左衛門が自らの祖父の見聞談を筆録したという『祖父物語』には、秀吉が北庄落城前に勝家に使いをやって、「命を助けるから高野山の麓に行けば三万石を扶持する」と伝えたが、これはお市を奪う計略であったと書かれている。秀吉がお市を狙っていたとの風説は、早くから流れていたのである。

これまで見てきたことからして、戦国の女性たちが男性に翻弄《ほんろう》される人生は、男たちの性の対象のためだけではないと考える。

城主にとって城は、戦争の時に籠もって戦う道具であると同時に、領域統治のシンボルでもあった。当時、城は最初に築いた城主の子孫と特別なつながりを持つと理解されていた。

城を造る時には「鍬立《くわだて》」という特別な儀礼を行い、城を落城させると「城割《しろわり》」の儀式を行ってから修築している。これらは城の生命に関わる儀式といえよう。

城割では、城にとって最も大事な出入り口に当たる虎口《こぐち》を壊したり、石垣の隅を崩したりする。ともに外側から城を見た時に象徴になる場所である。近世の城と聞くと、石垣の上の天守閣を思い起こすが、石垣は城を見る人々を威圧する視覚的な装置にもなっているので、城割には視覚的要素も強い。

こうした観点からすると、落城させた側はその城のシンボルになるような由緒の品や人などを得て、自分が新しい正統な城の継承者だと世間に示すことが重要であった。城主にとって最も大事なものは血をつなぐ家系である。自分の子供たちであり、家族を象徴する妻だった。落城させた側からすると、敵城主の男子を生かしておけば仇《あだ》を討たれて、自分が殺される可能性があるが、妻や女子を手に入れること、あるいは彼女に自分の子を生ませることは、古い城主と自分がつながる正統性を示す手段にもなった。

信玄が滅ぼした諏訪氏を自分の妾とし、彼女との間に勝頼を生ませて諏訪勝頼と名乗らせたことは、諏訪統治上の手段だった。秀吉がお市の方を手に入れようとし、結局、その娘を自分の妻としたのも、主君織田氏の血統と自己を結び付けることによって、自分が正統な継承者なのだと主張したかったのだろう。落城した城主に関係する女性について、今後研究する必要がある。

仮にそうだとしても、敵の妻にされた女性の悲しみが減じるわけではない。ただ、このような事実があったとするならば、当時の人々は血のつながりを男性の系統のみでなく、女性のつながりからも意識していたことになり、女性の社会における役割を改めて考えていく素材になりそうである。

3　どのように人を売り買いしたのか

物くさ太郎と辻取

「辻取《つじとり》」という言葉がある。小学館の『日本国語大辞典』は、「路上で女を捕らえて妻などにすること」と説明する。この説明通りならば、辻取は女性側の意思に関わらず、暴力によって女性を拘束し、妻にすることで、現代では考えられない不法行為である。辻取は、実際になされていたのであろうか。

辻取の様子が出てくる物語として有名なのが、室町時代から江戸時代の初期にかけて作られた『御伽草子《おとぎぞうし》』の一つ、「物くさ太郎」である。まずはその内容から確認したい。

信濃国筑摩《つかま》郡のあたらしの郷に住んでいた物くさ太郎は、何もしないで寝てばかりいたが、地頭《じとう》の命令によって郷民に養われていた。信濃の国司があたらしの郷に長夫《ながぶ》（長期の人夫）を命じたが、誰も行こうとしなかった。困った百姓たちは、物くさ太郎に「3年間の御礼のつもりで出てくれ」と頼んだ。「都の人は情があるので、どんな人でも厭《いと》わないから、奇麗な人が妻になってくれるかもしれない」と説得されて、彼は行くことにした。

京都での夫役《ぶやく》を終えて帰るに当たり、太郎は女房を連れて来るように言われたのを思い出し、宿の亭主に妻になるような女を探してほしいと頼んだ。亭主は太郎があまりに無知なので、辻取を勧めた。「辻取というのは、男も連れておらず、乗り物に乗っていない女性で、顔かたちがよくて器量のよい、自分の目に止まった者を捕らえることで、天下で許している」（意訳）と説明した上で、清水寺（京都市東山区）へ行ってふさわしい女性を狙え、と教えた。

太郎は言われた通り、清水寺の前で物色していた。すると夕暮れ時、17、18歳の素晴らしく美しい女性が下女を連れて通りかかったので、やおら抱きついた。女性は「この者はどう見ても田舎の者なので、宿の男が辻取をするようにと教えて、このようなことをさせている」と思い、自分の住所を謎掛けして、太郎が考えているうちに逃げた。

この後さまざまな経緯を経て、太郎は結局、辻取をしようと見初めた女性と結ばれた。やがて、太郎が深草《ふかくさ》天皇の皇子であることがわかり、天皇から甲斐《かい》・信濃の両国を与えられ、ハッピーエンドとなる。

物くさ太郎は信州に住んでいたとされ、長野県松本市新村《にいむら》には物くさ太郎のブロンズがあり、現代的な顔立ちでいつも物思いにふけっている。「信濃国筑摩郡のあたらしの郷」から、旧筑摩郡内「新村」ということで、ここが伝承地になっているのであろう。安曇野市の穂高神社には、物くさ太郎がこの神社を造営し、120歳まで生きて若宮社に祭られたとの伝説があり、境内にはオブジェも建っている。

物くさ太郎の話が成立するためには、辻取という慣行が存在していなくてはならない。しかも、話のつながりからして、辻取を実行する男の側だけでなく、対象となる女の側にもそのような慣行の認識があったようである。男も連れないで、輿車《こしくるま》に乗らない女性を辻で捕えることは、天下で許されているという意識が、『御伽草子』が書かれた戦国時代にあったことになる。

鎌倉幕府の基本法典として有名な『御成敗式目《ごせいばいしきもく》』第34条に、以下のようにある。

道路の辻において女を捕ふる事、御家人においては百箇日の間出仕を止むべし。郎《ろう》従《じゅう》以下に至っては、大将家御時の例に任せて、片方の鬢髪《ひんぱつ》を剃《そ》り除くべきなり。ただし、法師の罪科においては、その時に当りて斟酌《しんしゃく》せらるべし。

幕府は、道路の辻で女を捕らえるようなことをしたならば、御家人《ごけにん》（将軍と主従関係を結んだ武士）の場合には100日間出仕を止め、郎従（家子《いえのこ》・郎党《ろうとう》、主人の一族・従者を総称した語）以下の者については、片方の頭髪を剃り除くと規定していた。辻で女性を捕らえることが禁止されているのは、このような行為を行う者があったからで、中世の社会では辻取が実際になされていたのであろう。

鎌倉幕府の訴訟手続き書である『沙汰未練書《さたみれんしょ》』や、江戸時代後期に作られた武家故実《こじつ》書である『武家名目抄《ぶけみょうもくしょう》』には、「大袋《おおぶくろ》」という犯罪が載っている。東京大学史料編纂所名誉教授の保立道久氏は、これを「人売り」的な「人さらい」常習犯だとした。大きな袋を持ち歩き、その中に人を捕らえて入れ、その人を売るとはとんでもない犯罪である。そのような犯罪が広く行われていたとするならば、辻において女性をさらうことも十分可能性があろう。

物くさ太郎は
寝てばかりいる

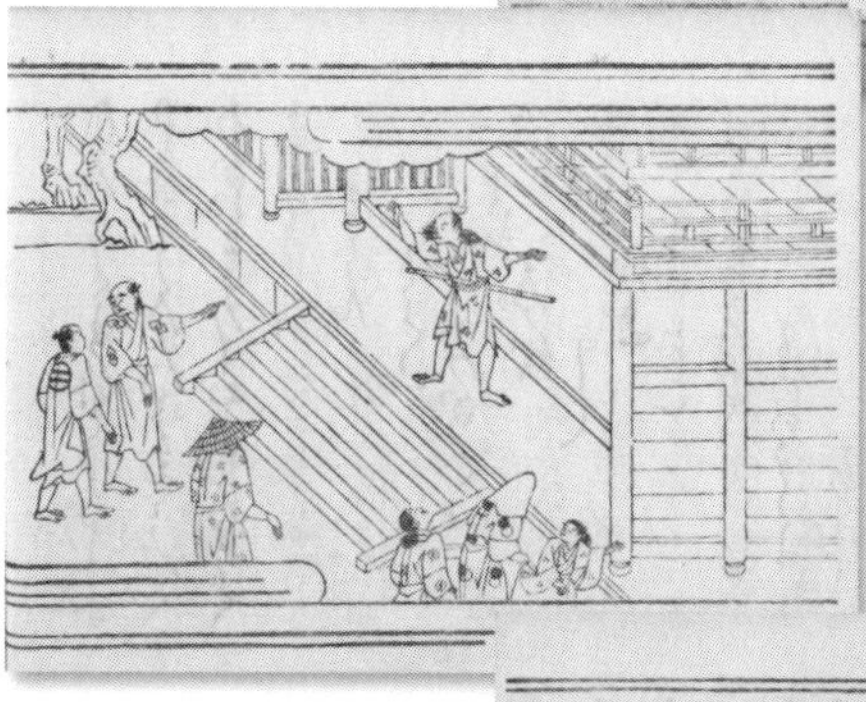

教えられた通りに
辻取をする太郎

美しい女房を見つけて抱きつく太郎
（いずれも「御伽草子第９冊 ものくさ太郎」（国立国会図書館蔵）より）

松本市新村に建つ
物くさ太郎の像

大袋は人身売買が前提であり、辻取で捕らえられた女性が売られたことも考えられる。この犯罪でも明らかなように、中世では人身売買が広く存在した。当然、これは禁止され続けた。

朝廷は治承《じしょう》2年（1178）以後、人身売買を行う勾引《こういん》（かどわかし）人・売買人を禁圧する法令を出した。鎌倉幕府も建久《けんきゅう》8年（1197）以後、人身売買の禁止を命じ、建長《けんちょう》5年（1253）には勾引人を禁じた。幕府は建長年間（1249〜56）と思われる追加法でも、鎌倉ならびに諸国の市における勾引人や人売りを禁止している。嘉禄《かろく》元年（1225）に、勾引人と売買人の輩《やから》を捕縛させ、正応《しょうおう》3年（1290）には人商人の顔に火印を押すと定めた。乾元《けんげん》2年（1303）にも、売買のために人を勾引する者を盗賊に準じた。

こうした法令が次々に出たのは、人身売買禁止が遵守されていなかったからで、中世社会において人身売買が広く行われていたことを示している。

中世文学の人買いたち

文学の世界では、身近なところに人身売買が出てくる。

鎌倉時代の説話集である『撰集抄《せんしゅうしょう》』に、「越後《えちご》国したの上村」という海岸の市で人馬を売買している場面がある。

人馬の族《やから》を売買せり。その中に、いとけなき《(稚)》、また、さかり《(盛)》なるは申すに及ばず、頭はしきりに霜雪をいただき、腰にはそぞろにあづさ《(梓)》の弓を張りかがめて、今明とも知らぬ者の、「しばしのほどの命をたすけ《(助)》ん」とて、そこばく《(若干)》の偽りをかまへ《(構)》、人の心をたぶらかし《(誑)》売り買ひせるを、見侍《はべ》りしに、すずろ涙のこぼれて侍りき。

幼い者や壮年の者は当然のことながら、白髪になって腰が曲がり、いつ死ぬかもわからないような者までを売っていたと記している。

人買いと越後の海岸となると、森鷗外《もりおうがい》の『山椒大夫《さんしょうだゆう》』を思い起こす人も多いだろう。この作品の元は、中世から近世にかけて行われた説教節《せっきょうぶし》の「さんせう太夫」である。岩城判官正氏《いわきほうがんまさうじ》が、帝の勘気を被《こうむ》って筑紫《つくし》の安楽寺《あんらくじ》（福岡県太宰府市）に流された。子供の安寿《あんじゅ》と厨子王《ずしおう》が、母と乳母とともに父を慕って京に向かったところ、直江津（新潟県上越市）で人買いの山岡太夫に騙《だま》され、船に乗せられる。

そこに蝦夷《えぞ》（北海道）の二郎の船と、宮崎の三郎の船が通りかかって、どちらが安寿たちを買うかで口論になった。山岡太夫は蝦夷の二郎に母と乳母を、宮崎の三郎に姉弟を売った。二郎の船に乗せられた乳母は身を投げて海の藻屑《もくず》となり、蝦夷に売られた母は、能が無く職がないとして、足手の筋を断ち切られ、1日1合の食事を与えられて、粟《あわ》にくる鳥を追わせられた。まさに生きている鳥追いの道具、奴隷である。

姉弟を二貫五百文で買い取った三郎は、やがて由良湊《ゆらみなと》（京都府宮津市）の山椒太夫に十三貫で売った。彼は「さてもよい譜代下人《ふだいげにん》を、買い取ったることのうれしさやな。孫子曾孫《まごこひこ》の末までも、譜代下人と、呼び使おうことの嬉しさよ」と喜んだ。姉は潮汲み、弟は柴刈りに酷使された。彼らが逃げようと相談していたのを聞いた山椒太夫の子三郎は、太夫の「譜代下人」であることを示すため、焼き金で両人のひたいに印を付けた。両人は太夫にとって、牛や馬と同じなのである。

この物語が語られ、受け入れられた背景には、広範な人身売買の慣行があった。『日葡辞《にっぽじ》書《しょ》』は、「譜代の者」を「多くの代を経て子々孫々続いて仕えている奴隷や家来」と説明している。「下人」は「従僕・家来、または、奉公人」である。一生を主家に隷属して世襲的に労役を提供した者、いうならば奴隷である。ポルトガル人の目には、日本に多くの奴隷がいると映ったことであろう。

安寿と厨子王、母と乳母が別々の人買い船に買われていく

下人として使われる安寿と厨子王（いずれも「さんせう太夫」（国立国会図書館蔵）より）

上杉謙信が永禄《えいろく》4年（1561）に出した「上田庄《うえだのしょう》・妻有庄《つまりのしょう》・藪神《やぶかみ》去年水損に就いて、地《じ》下人《げにん》等窕《ちょう》せらるの御徳政掟事」（上杉家文書）には、「一、しゃくせん《（借銭）》・しゃく《（借）》米・とくせい《（徳政）》ゆくへき事」等と並んで、「一、しちおき《（質置）》男女同前、うりきり《（売り切り）》これを除く」とある。

質に置かれている男女については徳政を行うように。ただし、既に売ってしまった者については これを除くという。前の年、上田庄（新潟県南魚沼市付近）・妻有庄（十日町市・津南町）・藪神（魚沼市）が水害に襲われたので、民衆などを養うために徳政（債権・債務の破棄）をするという掟《おきて》である。これにより、謙信の領国において、人が財産として質に置かれたり、売られたりしていたことがわかる。

需要があれば、供給がある。

中世に奴隷を売買していたのが、「さんせう太夫」に出てくる山岡太夫のような人売りであった。人売りや人買いは、多くの中世文学に姿を現す。同じ『御伽草子』の「ゆみつぎ」を見てみよう。

加賀《かが》国す川の「まつをのふたか」に、玉つる丸と玉つる女という子供があった。兄が比叡《ひえい》山《ざん》で学問するために家出すると、11歳の妹も兄を追った。妹は能登《のと》おやの港（石川県輪島市）に住む人商人の手を経て、博多（福岡市）から来た人買い船に売られた。彼女は博多から九州各地を売り回された後、国司に救われて京に帰り、高僧になった兄や親と再会する。

「さよひめ」では、陸奥《みちのく》から都に美しい姫を求めに来た「こんかの太夫」が、興福寺《こうふくじ》（奈良市）の南大門に人を買いたいと高札《こうさつ》を立てた。この高札を見たさよ姫が、親の菩提《ぼだい》を弔うために身を売る。「壺坂物語《つぼさかものがたり》」も同じく、親の菩提のために身を売る話である。

謡曲の「自然居士《じねんこじ》」に出てくる人買いは、東国の者で「この度都に上り、あまた（数多）人を買い取り候。また十四、五ばかりなる女を買い取りて候」と述べている。「隅田川」でも、京都の北白河（京都市）に住む老女が、思いがけなくも一人子が人商いに誘われて東国に下ったと語っている。

ちなみに、永正《えいしょう》15年（1518）に成立した小歌の歌謡集『閑吟集《かんぎんしゅう》』には、「人買船は沖を漕《こ》ぐ、とても売らるる身ぢやほどに、静かに漕げよ船頭どの」（一三一番）とあり、人買船も知られていた。

こうした人買いたちは、世間からどのように見られていたのであろうか。16世紀末から17世紀にかけて約20年間、長崎に在住したエスパニア商人アビラ・ヒロンの『日本王国記』は次のように記す。

日本では誰でも真面目な職業の職人だということは不名誉とされないどころか、いずれも芸術とも技能ともみなされている。ただし草履《ぞうり》作りや皮なめし、奴隷や婦女売買の仲介者は例外で、こういうものはやはり、卑しい職業と考えられている。(意訳)

奴隷や婦女売買の仲介者は世間から白い目で見られていたのである。

現代、男女の仲を取り持ってくれるのは仲人などである。中世の物くさ太郎のような人物に、女性を紹介するような人はいなかったのであろうか。

平安中期頃に成立した『宇津保物語《うつぼものがたり》』に、男女の間を取り持つ女性が「中媒《ちゅうばい》」として出てくる。平安時代末期にできた『色葉字類抄《いろはじるいしょう》』は「中媒婚姻分　チウバイ」としており、男女の仲を取り持つ「中媒」という者がいたことがわかる。

九条道家の日記である『玉蘂《ぎょくずい》』には、建暦《けんりゃく》2年(1212)に制定された宣旨《せんじ》(天皇の命令を伝える文書)が載っている。その最後の条には次のようにある。

京の中媒の輩を停止すべき事、そもそもこのごろ天下に下女あり、京中中媒と称す。

その号大いに法度に背き、その企み浅くして罪因に渉《わた》る、窈窕《ようちょう》の好仇《こうきゅう》（好逑）を和誘して、陋賤《ろうせん》の疋夫《ひっぷ》に配偶す。

京では中媒が美しくしとやかな既婚の女性を同意させて、卑しくて品のない身分の低い男に添わせているとしている。「和誘」とはいっても、実際はだましして妻合わせ、利益を得ていたのである。だからこそ禁止されたわけで、辻取にも似ている。

中世には「すあい」（漢字では牙儈、牙因、才取、牙婆、女商、牙因女）と呼ばれる、女性を中心とする仲買商人がいた。『日葡辞書』では「スワイ（牙儈）買手と売手との間に立つ仲買人の職。例【牙儈をする】この仲買人の仕事をする。また、この職から取れる口銭や利得。例【牙儈を取る】商人たちの間で仲介の口銭や利益を取る」と説明している。『御伽草子絵巻』には、すあいの姿を描いた「御用《およう》の尼」がある。白河（京都市）あたりに住む老法師の庵に、すあいを職業とする年寄りの尼が袋を頭に乗せて現れ、「何であっても必要なものがあったら用意します」などと言った。彼女はしばらく話をした挙げ句、一人暮らしは何かと不便だろうからと、山崎のほとりに住む公家の娘で、20歳にもならない美しい人を取り持とうと誘った。法師は気持ちを動かされて、彼女に仲人を依頼する。法師が用意して待った夕方、老女がやってきて、若い娘なので恥ずかしがるから、明かりを消してほしいと求めた。法師は暗がりの中で、何も言わない女と一晩を明かす。夜が明けて法師が隣を見ると、しわだらけの御用の尼がいた。

室町時代の末に成立したとされる『七十一番職人歌合』には、すあいの「月のきる雲の衣を売り物やさぶらふ《(侍)》といふ人も買はめや」との歌が出ている。添えられた絵には「御よう《(用)》ふやさぶらふ《(侍)》」などと声を掛けて、商売している様子が描かれている。

江戸時代の初期に書かれた仮名草子《かなぞうし》の『尤之双紙《もっとものそうし》』にも、「むかし《(昔)》より言ひならはせる仲人のそら事。ばくらう《(博労)》の沙汰。博奕《ばくち》打ち。物売るに牙僧といふ物」と見える。すあいが物を売る時の言葉は、信用できないとの社会認識があったことがわかる。

女が一人歩きできる国

中世には人身売買があり、売買の対象を得ようと誘拐などもあった。それにもかかわらず、安寿と厨子王たち一行は女性と子供で旅をしていた。「ゆみつぎ」でも11歳の女の子が一人で家出するし、「さよひめ」でも姫が一人で動いていた。これでは、自ら人買いの餌食《えじき》になりに行くようにも思えるが、中世の旅は安全だったのだろうか。

ポルトガル人のルイス・フロイスが天正《てんしょう》13年（1585）にまとめた『日欧文化比較』

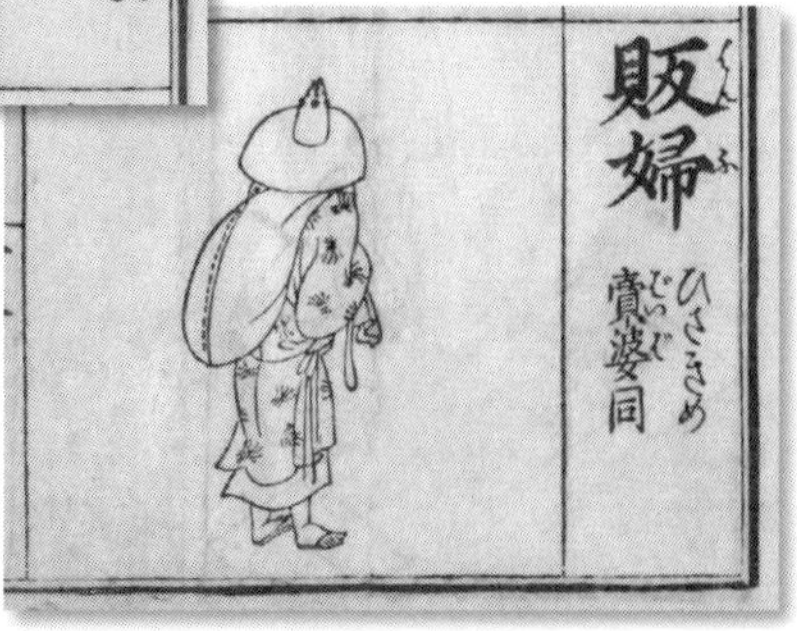

中世に存在した女性の仲買人たち。『訓蒙図彙 』（1666年成立）の「牙婆」「販婦」（上、右）と『和漢三才図会』（1712年成立）に載る「牙儈」（下）
（いずれも国立国会図書館蔵）

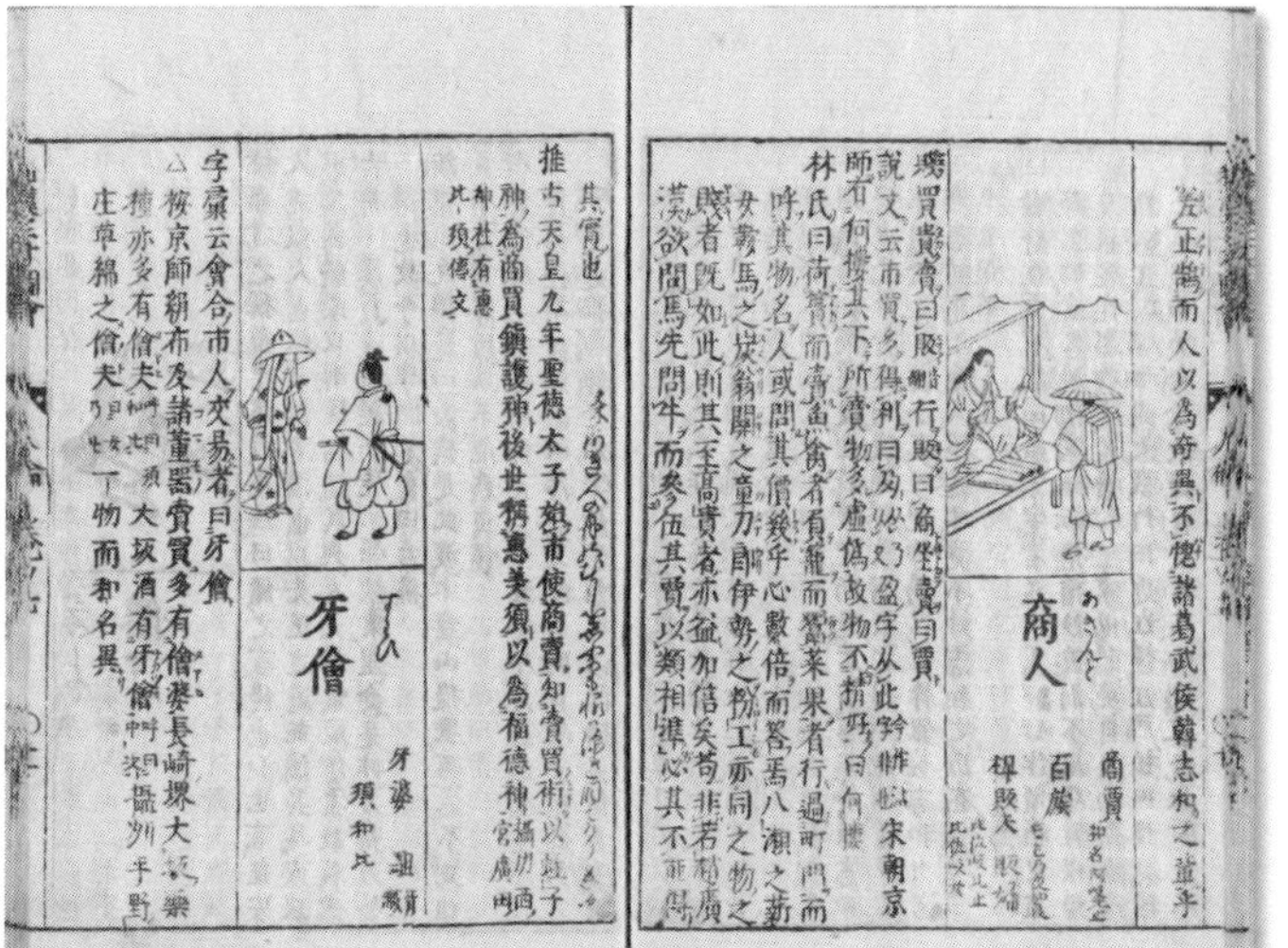

（『日本覚書《おぼえがき》』）には、興味深い事実がいくつか指摘されている。

・ヨーロッパでは娘や処女を（俗世から）隔離することは、はなはだ大問題であり、厳重である。日本では、娘たちは両親と相談することもなく、一日でも、また幾日でも、一人で行きたいところに行く。

・ヨーロッパでは、妻は夫の許可なしに家から外出しない。日本の女性は、夫に知らさず、自分の行きたいところに行く。（意訳）

視点を変えるなら、戦国時代であっても娘や妻が一人でどこにでも行けた。それはヨーロッパ人の目からすると、驚嘆すべきことであった。

現代、お酒を飲んだ女性が夜一人で帰宅することができるのは、日本が世界でも有数の安全な国だからであろう。ところが、女性も男性も事件に巻き込まれることがままある。日本を知らない人がそうしたことを取り上げた新聞の事件記事だけを読むと、日本はなんと物騒な国だと思うことだろう。中世の文学に出ている人買いは、新聞の記事と同じように、当時の社会の一面を示しているに過ぎないことも認識しておきたい。
中世の日本はヨーロッパ人から見れば、女性が一人で外出できる安全な国であった。一般的に安全だから女性も一人で外出したのであろうが、供も連れないで旅する女や子供は誘拐する側から見ればいいカモであった。奴隷や婦女売買の仲介が一つの職業とみなされるほど、中世には人買いが横行していたことも忘れてはならない。

前述の『日欧文化比較』には、ヨーロッパ人の見た日本女性の特徴がまとめられている。

・ヨーロッパでは財産は夫婦の間で共有である。日本では各人が自分の分を所有している。時には妻が夫に高利で貸し付ける。
・ヨーロッパでは、罪悪については別としても、妻を離別することは最大の不名誉である。日本では意のままにいつでも離別する。妻はそのことによって、名誉も失わないし、また結婚もできる。
・汚れた天性に従って、夫が妻を離別するのが普通である。日本では、しばしば妻が夫を離別する。

・われわれの間では女性が文字を書くことはあまり普及していない。日本の高貴な女性は、それを知らなければ価値が下がると考えている。（意訳）

「日本では夫婦それぞれに財産を所有しており、時には妻が夫に高利で貸し付ける」とは、いかにもがなの感がある。現在でも、妻がやりくりの中でためたへそくりは妻のものであって、夫は手を出せない。妻にお金を借りている夫は案外多いのではなかろうか。

これと関連するのが、「日本女性は文字が書ける」ということだろう。今でも家庭の家計を握っているのは女性の場合が多い。家計をやりとりするには計算ができたり、家計簿を付けられたりすることが望まれる。文字を書き、計算ができるなど、文化レベルが高いのは、日本女性の特質の一つだろう。だからこそ、独自に財産を持ち、管理もできたのである。

女性の自立性の強さは、「離婚」の項にも現れる。離婚しても妻は名誉を失わないし、また結婚できるのである。しかも、日本では女性の方から離婚をすることもあった。

女性の自立性は、先に取り上げた「娘たちが一人で好きなところへ出かける」ことにも示されている。

中世の絵巻物を見ると、実に多くの女性たちが生き生きと動き、働く姿が描かれている。

とりわけ市場において販女をはじめとする女性たちの活躍が見られる。
しかし、場合によると、そうした女性たちも拉致《らち》され、売買される危険性があった。

海を越えた奴隷

『老松堂日本行録《ろうしょうどうにほんこうろく》』は、朝鮮の官僚である宋希璟《そうきけい》の日本紀行文集である。宋希璟は応永《おうえい》27年（1420）、足利義持《あしかがよしもち》の派遣使節の回礼使として日本を訪れた。そこには、海外から捕虜として日本に連れてこられ、奴隷の境遇に置かれた中国人の話が出てくる。

二月十七日、対馬西泊湾《つしまにしどまりわん》（長崎県対馬市）に着いて、風に阻まれて留泊した。一人の日本人がいて、小船に乗って魚を捕まえていた。我（宋希璟）が船を見ると、魚を売ろうと近づいてきた。余（宋希璟）が船の中を見ると、一人の僧が跪《ひざまず》いて食料を乞うた。私は食料を与えて、この僧に質問をした。僧は「我は江南台州（中国浙江省台州市）の小旗（十名の兵を率いる下級軍人）です。一昨年、捕虜としてここに来た。髪を剃られて奴隷にさせられ、辛苦に耐えられず、官人（宋希璟）あなたに随ってこの地を去ることを願います」と言うと、沛然《はいぜん》として泣いた。僧の主人である日本人は「米を給われば、すぐにでもこの僧を売るが、官人は買いますか」と問うた。私は僧に「あなたが住んでいる島の地名はなんと言うか」と尋ねた。僧は「私は転売されて、この人に随って二年になる。このように海に浮かんで居しているので、地名を知らない」と答えた。（意訳）

僧は江南台州の小旗で、捕虜として日本に連れてこられ、奴隷にされていた。おそらく倭《わ》寇《こう》と戦って捕虜になり、奴隷にさせられていたのであろう。

ヨーロッパ人が初めて日本にやってきたのは、戦国時代である。『鉄砲記』によれば天文《てんぶん》12年（1543）にポルトガルの大船が種子島《たねがしま》（鹿児島県）に漂着した。当時、ヨーロッパ人は南米の銀山開発などで多くの奴隷を必要としており、奴隷取引を盛んに行っていた。初めてヨーロッパ人が来てから間もない1550年頃から、ポルトガルの商人たちによって日本人は国外に運び出され、奴隷として売却された。16世紀の後半には日本人奴隷が、ポルトガル人の勢力の及んだ世界各地に広がった。

一方、戦国時代には、ヨーロッパから宣教師がやってきていた。彼らは外国人の視点で日本を見つめていた。

イエズス会士日本通信の１５６２年10月25日の条には次のようにある。

ポルトガル人などは近く鹿児島を出発しようとして、海賊たちと別れた。パードレ・コスモ・デ・トルレスが命じた通りに、婦人等は皆一緒に船室に入れ、男子二人に世話をさせることにした。婦人は高価に買ってもらうことができるので、日本人は中国において戦争で捕らえた婦人を売った。このような婦人が多数この船にいた。(意訳)

日本人は国内だけでなく中国にも攻め入って、女性を拉致してきては高値で売っていたという。

１５７３年５月27日の条で、織田信長軍が上京(京都市)を焼き払った状況は次のように記している。

京都の上および下の住民は焼き払われることを恐れ、妻子・僕婢《ぼくひ》、重要な家財、よい衣服、金銀及び高価な道具を、既に焼き払われたり破壊した村に送っておいた。(中略)上京は日本全国の都で、大変富を持った人が居住している。日本で用いられる絹物、緞子《どんす》は悉《ことごと》くここで製造している。また、主立った人々の夫人で、最も高貴な者が住んでいたが、美濃《みの》や尾張《おわり》の兵士等はただちに彼女たちを捕らえ、牛の背に乗せ、あるいは小児を抱いたまま歩行させ、着物の袖に綱を通して、数人を一緒に縛って営所(兵が居住しているところ)に引き連れていった。歩行に慣れず、また小児を抱いているために進むことができない者に対しては、小児を殺したり、やりで突いたりして進ませた。兵士などが桂川の岸に接した村々に到った時、哀れな婦人などは夫、父兄、親戚が都に留まって守備に当たって死期を待っているような状況だったので、彼女たちを助けることができないために、兵士に捕らえられることを恐れ、水流が激しく水深が深いことを忘れ、川に入って足の立たない所まで進み、水に流され、漁夫が魚を捕まえるために設けた棚にかかって死んだ。数ヶ所に二、三十人の小児、他の数ヶ所に同数の婦人たちが死んでいた。(中略)兵士などは都の富を納めた村々に到って、箱を開き、金銀、よい着物、絹織物、生糸等の品のみを奪い、そのほかは悉く破棄した。彼等は捕まえた婦人など引き連れて、月曜日の朝に営所に帰った。夫、父、親戚は彼女たちをお金を払って解放してもらおうと、京都から同所に赴《おもむ》いた。中には

1800クルサド（1クルサドはおよそ3・5グラムの金貨）を出しても、兵士がこれに応じなかった者もあった。その後彼女たちを買い受けることができたか、あるいは捕虜として自分たちの国に伴っていったかは知ることができない。また、そうした人が死んだか、あるいは捕らわれたのかもわからない。父は子を、夫は妻を捜し、親戚で互に捜索する者もあった。（意訳）

国内でも、戦争をきっかけに人々は連行され、身代金を出して解放してもらったり、そのまま売られたりすることが広く行われていたのである。

天正10年（1582）、九州のキリシタン大名である大村、大友、有馬の三氏によってローマ法王のもとに派遣された少年使節は、行く先々で奴隷になった日本人を見た。伊東マンショは「実際我が民族中のあれほど多数の男女やら童男・童女が、世界中のあれほどさまざまな地域へ、あんなに安い値でさらわれて売りさばかれ、惨めな卑しい仕事に就くのを見て憐憫《れんびん》の情を催さない者がいるだろうか」と述べている。

ヨーロッパ人の来航によって世界と結び付いた日本は、国内戦争で捕らえた人々や倭寇などで海外から拉致した人々を、奴隷として海外に売るということでも、世界とつながってしまったのである。

4　人身売買の否定

規制される辻取

中世の女性たちが置かれた状況を知るために、「物くさ太郎」に出る辻取について触れた。それによれば、男を連れず、輿車《こしぐるま》にも乗らぬ女房を、辻で取ることが許されているとの認識が一部にあった。その後、この風習はどうなったのであろうか。

長禄《ちょうろく》3年（1459）、中国地方の大名である大内氏は「路頭におゐて女をとる事」を禁じた。辻取につながる、道で女を捕まえることを制止したのである。そもそも、『御成敗式目《ごせいばいしきもく》』以来、辻で女を捕らえる行為はやってはいけなかった。その法の趣旨はここでも確認できる。「物くさ太郎」の話が伝わるように、禁止されていても辻取を行う者があったからこそ、鎌倉幕府も大内氏も制止しなければいけなかったのである。

戦国時代の戦争は、兵士などに人を狩る機会を与えたが、戦国大名は人身売買を肯定していたのだろうか。中世を通じて、幕府などが人身売買の禁止令を出しているように、決して容認していたわけではなかった。

天文《てんぶん》5年（1536）、西山城（福島県桑折町《こおりまち》）を根拠にした陸奥《むつ》の戦国大名、伊達稙宗《だてたねむね》が制定した『塵芥集《じんかいしゅう》』には、「自分の所有物が盗品であり、盗人だと申しかけられた時には、物や下人、牛、馬のことについて所有の由来を証明すべき」（意訳）と記されている。

また、譜代《ふだい》下人が逃げたり、人にかどわかされて売られたりした際の規定もあって、「人勾引《かどい》」（誘拐して売買する）については、「取り戻した者が誘拐された本人の証言で犯人を決定し、沙汰をするように」（意訳）と決めている。「身売りのこと、盗人の罪科たるべし」として、下人を盗み取っての売買が禁止されているのは、そのような行為があったからである。下人が物や牛馬と一緒にされていることは、彼らの境遇がどのようなものであったかを示している。

肥後《ひご》の相良《さがら》氏が天文24年（1555）に制定した『相良氏法度』の中には、「縁者・親類と候て養い置く後、あるいは売り、あるいは質物になし候者、その科《とが》たるべし」とある。ここでは縁者や親類だと称して養った者を売却するのを禁止している。この条項からして、養った牛馬と同様に人を養って売買することがあったといえる。

下総結城《しもふさゆうき》（茨城県結城市）の領主結城政勝《まさかつ》が弘治《こうじ》2年（1556）に制定した『結城氏新

法度』には、「人身売買に関して召し使う下女や下人を他人に売り渡す時、結城家に申し出て、結城家の印章を捺《お》した許可証をもらった上で売るように」（意訳）とある。また、「人勾引について、証拠がある場合に売った者は抗弁をしてはならない」（意訳）と規定している。結城氏は人の売買そのものは認めながらも、人狩りなどで得た者の売買を禁止していた。

『信長公記《しんちょうこうき》』でも天正《てんしょう》7年（1579）9月、京都の下京場々町（京都市）で門の警護をしている者の女房が、数多の女性をかどわかして、和泉《いずみ》の堺（大阪府堺市）で売っていることを耳にした信長が、その女を京都所司代に召し捕らせたと書いている。問いただされた彼女は、これまで既に80人ほどを売ったと言って、打ち首となった。

当時の京都には誘拐した女性を売る者がおり、売られた女性は相当数あった。しかし、信長はこれを否定し、人売りを処罰した。統治者側からすれば、人を誘拐して売買するようなことを許してはおけなかったのである。

このように、戦国大名は原則として、人身売買を規制する方向に向かっていた。これは戦国大名が公の権力である以上、領国内における平和の維持が必須だったためである。

ところが、戦国大名の命令は領国の中でだけ有効だった。戦争の場においては領国の外部から人を狩ってくるので、領国内部の平和は維持された。これを禁止したら、乱取りなどによって利益を得ようとする下級武士や民衆は戦争に出ず、戦国大名として戦乱を切り抜けることができなくなる。したがって、戦争における乱取りは慣習として社会に定着しており、戦国大名も認めざるを得なかった。

秀吉の禁止令

戦国の世を統一した豊臣秀吉のもとで、人身売買は全面的に禁止が打ち出された。しかし、16世紀の半ば以降、日本に渡来したポルトガル人の商人たちは、日本で売買されている人々を買い取って、海外に運び出していた。豊臣秀吉は九州でこの事実を知り、止めさせようとした。

天正15年（1587）のバテレン追放令には次のようにある。

大唐《だいとう》・南蛮《なんばん》・高麗《こうらい》へ日本人を売り遣わし候事、曲事《くせごと》に付き日本において人の売り買い停止《ちょうじ》のこと。

日本人を海外に売ることは道理に合わないので、国内においても人の売買をしてはいけないと命じたのである。

天正17年（1589）と推定される8月2日付の秀吉朱印状には、次のように記される。

豊後国《ぶんごのくに》の百姓、そのほか上下を限らず、男女童を近年売買せしめ、肥後国にこれある者の事、申し付け、きっと返付すべく候、殊に去年以来、買い取り候人の事、なおもって買い損たるべきの旨、堅く申し付くべく候。

豊後の百姓、そのほか身分の上下に関わらず、近年に男女童を売買して肥後にいる者については、売買した者を確実に返すように申し付けるように、さらに去年以来、買い取った人については「買い損」だということを堅く申し付けるように、と言っている。秀吉は買われてきた人々を元に返すように命じ、人を買った側は損になると宣言した。明らかに全面的な人身売買の禁止令である。

秀吉は天正18年（１５９０）、小田原（神奈川県小田原市）の北条氏制圧にめどが立つと、百姓たちにそれまで住んでいた場所へ帰るよう命じた。人を売買する者は成敗する、また既に買った者は早々に元の住所に返すように、とも命じた。前年の命令の繰り返しである。全国統一が見えてきた秀吉は、国内の平和を守らねばならず、戦国大名の政策をさらに推し進めたといえる。

秀吉は検地を通して土地の生産量を確定し、百姓から年貢を取っていたので、耕す人がいなければ収入にならなかった。人狩りによって農民は狩られることが多いので、人身売買の禁止は農民を土地に縛り付けておくためにも必要な措置だった。

日本国内の統一が終わると、秀吉は矛先を朝鮮に向けた。天正19年（１５９１）、全国に向けて「唐《から》入り」を翌春に決行すると告げ、前線基地として肥前《ひぜん》の名護屋《なごや》（佐賀県唐津市）に築城を命じた。天正20年（１５９２）、日本軍に「今度乱入の刻《きざみ》、人取り仕り候わば、男女によらずその在所々々へ返付すべし」と命令した。朝鮮においても人狩りを禁じたのである。

ところが、実際には多数の人々が朝鮮半島で人狩りされ、日本に送られて奴隷として売られ、使役された。戦場に赴いた兵士たちは、自分たちの属する平和領域以外から人を狩ることが、慣習として当然の権利だと理解していたのであろう。
慶長《けいちょう》2年（1597）末から翌年にかけて、加藤清正《かとうきよまさ》らは朝鮮の慶尚南道蔚山《けいしょうなんどうウルサン》の倭城《わじょう》（日本人が造った城）で、明・朝鮮の連合軍に囲まれて籠城した。そこには日本からの人買い商人も来ていた。従軍医僧であった豊後臼杵《うすき》安養寺（大分県臼杵市）の慶念《きょうねん》の日記『朝鮮《ちょうせん》日々記《にちにちき》』12月19日の条には次のようにある。

日本よりも万《よろず》の商人来たりし中に、人商いせる者来たり。奥陣より後につき歩き、男女老若《ろうにゃく》を買い取りて、縄にて首をくくり集め、先へ追い立て、歩み候わねば後より杖にて押っ立て、打ち走らかすの有様は、阿防羅刹《あぼうらせつ》（地獄にいるとされる獄卒）の罪人を責めけるもかくやと思い侍《はべ》る。

人買い商人が軍隊に付き従い、兵士などから男女や老若を問わずに買い取り、日本に運んで売買していた。売られた朝鮮人の中にはポルトガル商人によって安い値で買い取られ、広く世界に転売された者もあった。

いわゆる慶長の役で捕らわれた官人姜沆《かんはん》が記した『看羊録《かんようろく》』によれば、全羅南道務安郡《ぜんらなんどうむあんぐん》には数里に渡って日本の船が600、700艘もあふれていて、船の中には朝鮮の男女が日本兵とほぼ半々になるほどいた。捕らえられた者が船ごとに泣き叫ぶ声は、海や山を震わすほどであったという。

朝鮮から日本へ連行されてきた者の中に陶工がいた。彼らの手によって薩摩《さつま》や肥前有田など、各地で朝鮮系の製陶が始まった。

江戸幕府の政策

戦乱に際して、自分たちが属する世界以外の人間を狩るのは当然だとの理解があるなら、再び戦争が起こると人狩りは再燃する。

天正18年（1590）のいわゆる小田原征伐の後、大きな戦争としては慶長5年（1600）の関ヶ原合戦がある。この際に出た禁制《きんぜい》（禁止事項を公布した文書）の中には、「一、濫防狼藉《らんぼうろうぜき》、ならびに男女以下を押し取る事」「一、妻子、牛馬を取る事」などとあるので、禁止されながらも実際には人狩りがなされていた。

慶長19年（1614）に大坂冬の陣、翌年夏の陣が起きた。夏の陣についてはその模様を描いた大阪城天守閣所蔵の屏風があるが、画面には身ぐるみはがされた女、捕らえられて泣き泣き連行される女や、捕まってしまった男などが見られる。

NHK大河ドラマ「真田丸」などで真田信繁《のぶしげ》の華々しい合戦での活躍が喧伝されたが、この時にも敗者に対して人狩りや略奪がなされ、民衆もその渦に巻き込まれていたことを忘れてはならない。

江戸幕府が元和《げんな》2年（1616）に出した高札《こうさつ》は、以下のように記す。

一、人売買のこと、一円停止たり、もし売買みだらなる輩は、売り損買い損の上、被売者はその身の心に任すべし、ならびに勾引売りについては、売り主は成敗、売らる者は本主に返すべき事。
一、年季《ねんき》の事、三ヶ年を限るべし、ただし三年を過ぐれば双方曲事《くせごと》たるべき事。

「人を売り買いすることをことごとく差し止め、勝手に売買すると売った者も買った者も損をする」「人を誘拐して売ったら処罰する」「年季奉公については三年を限度とし、過ぎた場合は奉公する者も主人も処罰する」としている。幕府は当初から人身売買を禁止し、永代売りを禁止し、年期売りの年限に制限を付けた。年期の年限は3年から、寛永《かんえい》2年（1625）の法令で10年とされた。

周防《すおう》岩国（山口県岩国市）の吉川広家《きっかわひろいえ》が元和3年（1617）に制定した「吉川氏法度」では、「山賊・海賊・人売り買い・博奕《ばくえき》等仕り候もの、成敗すべく候、告《つ》げ知らせ候ものに、褒美《ほうび》たるべきの事」と定めており、幕府と同じ方向が示されている。

また、幕府は元和7年（1621）に「日本人売買・武器輸出・海賊行為を禁止する命令書」を、小倉（福岡県北九州市）の細川忠利《ほそかわただとし》、大村（長崎県大村市）の大村純信《おおむらすみのぶ》、平戸（長崎県平戸市）の松浦隆信《まつらたかのぶ》など九州の諸大名に出している。

人身の永代売り禁止は、百姓身分から奴隷身分への転落防止を意図していた。江戸時代初期には中世以来の譜代下人が残存していた。しかし、商品生産が進み貨幣経済が進展するとともに、譜代下人にも収入を得る途が開け、次第に解放されていった。

江戸時代を通じて身分的な隷属関係は弱まり、経済的な奉公関係に変わった。年期の制限は元禄《げんろく》11年（1698）に撤廃されたが、この時期には年期の制限はほとんど意味を持たなくなっていたのであろう。戦国時代を経て、人身売買は原則的に禁止されていった。

ただし、全く人身売買が消えたわけではなかった。遊女や飯盛女《めしもりおんな》（街道の旅宿などで給仕や売春に従事した女性）という形で、人身売買が続いたことも事実である。そのほか、さまざまな形で人は売られたが、社会に公認されたものではなかった。

これよりはるか前の鎌倉時代の寛喜《かんぎ》2年（1230）に風害・冷害によって収穫が激減し、翌春には全国的な大飢饉《ききん》となった。そこで、百姓の中は飢饉から逃れるために妻子・下人を売り、自ら富徳の家に身を託す者が出た。幕府も「飢饉の年ばかりは免訴せらるるか」と、その行為を黙認した。

弘安《こうあん》6年（1283）に脱稿された『沙石集《しゃせきしゅう》』の中には、文永《ぶんえい》年間（1264〜75）の日照りによる飢饉で、美濃の貧しい母子家庭の子供が、自分を売って母を助けた話が出てくる。その子は身を売った代金を母に与えて、東国に下って行った。

飢饉が起きると身を売るということは、いつの世にも行われた。生きるための最後の手段が身売りだったからである。

江戸時代の延宝《えんぽう》2年（1674）には、洪水により各地で人々が困窮《こんきゅう》した。そこで幕府は翌延宝3年、「去年国々洪水について、諸民困窮たるの間、当卯年は永年季《えいねんき》の者または譜代差し置き候とも、相対次第苦しからざるの条、その趣を存じ抱うべきものなり」と命じた。実質的にはこの年に限り、災害を理由に人身売買を認めたのである。

自然災害などで生活できなくなった人たちが、生き延びる手段として身を売ることは、近代に至るまで続いた。たとえば昭和6年（1931）から昭和10年にかけての東北地方の凶作では、多くの子供や女性が売られた。近代にあっても、生活の苦しさで身を売られる人々も多く存在した。特に江戸時代から第二次世界大戦にかけて、日本から東南アジアなどに出かけて行った唐行《からゆ》きさんを忘れてはならない。

こうした生き延びるための手段として自らを売るような史料は残りにくい。事実の背後の切実さを理解しておきたい。

第2章

戦乱からどう身を守るか

1　山に逃げ込む

避難先としての山

天文《てんぶん》16年（1547）に武田軍が攻撃した志賀城（佐久市）には、多くの人たちが籠もっていた。そのほかの戦争でも城の中に武士に限らず多くの人たちがいた。城中に入った武士の家族や城の周囲の民衆などは、他の場所より城の方が安全だと判断して籠城したのであろう。

しかし、城の中に逃げ込んだ場合、攻撃側からは敵とみなされてしまう。落城したら乱取りの対象となり、連行されて奴隷になる可能性が生じる。そこで、自分たちは戦争と関係ないのだと表明し、戦争から離れた場所に避難することもあった。そうした伝説が各地に残る。まずは長野県内の伝説を見てみよう。

長野県塩尻市片丘にある大宮八幡社に、樹幹の周り3メートル20センチのイチイの木がある。この木を「武田信玄旗立てイチイの樹」と呼んでいる。

天文22年（1553）、信玄が小笠原長時《ながとき》と桔梗ヶ原《ききょうがはら》（塩尻市）で戦った時、武田方の陣所は、内田（塩尻市）と赤木山陣場の峯（松本市）にあった。そのため、北は村井（松本市）の富士見橋から、南は北熊井（塩尻市）の一本杉まで、ところどころに兵隊を配置していた。総大将の信玄は、高出（塩尻市）の高日出神社と、南内田の大宮八幡社に戦勝を祈願した。両地の間を飛ぶ鳥のように駆け回っていたため、自分の所在地を示そうと、大宮八幡社（当時は南に向いていた）の正面にあるイチイの木に旗を立てていた。

武田・小笠原の戦いは小笠原軍の大敗で終わり、勝った信玄は、御礼として大宮八幡社に弓と矢を奉納した。現在もその弓と矢はお宮に残されているという。

ちなみに、このイチイの木は大正元年（1912）の台風で頂部が折れたが、塩尻市の天然記念物になっている。現在はほとんど枯れてしまい、わずかに一部から緑の葉を茂らせているに過ぎないが、白骨化しながらも戦国からの伝説を伝えている。

ところで、武田軍のために家を荒らされ、食べ物を奪われていた周辺の住民たちは、大沢平（松本市にある崖の湯温泉の東約500メートル）のあたりに老人・子供・女性を隠す小屋を作っていた。武田軍の略奪を受けてから小屋を作ったというので、常設ではなく、戦乱から逃げ隠れするための臨時の避難所だったのであろう。弱い者を隠す小屋を作る一方、血気にはやる若者たちが豊後山（同温泉の南５００メートル）左手の坂に陣を作って、武田軍が来たら一戦を交えようと準備していた。

旗立てイチイの伝説が生まれた桔梗ヶ原の戦いは天文22年（１５５３）だが、信玄は天文19年に信府《しんぷ》（松本市）を手に入れており、史料では天文22年に桔梗ヶ原で戦った事実を確認できない。しかしながら、戦争に際して、弱い者たちを避難小屋に入れたという点は可能性が高い。

長野県伊那市高遠町にも、女性と子供を奥地へ避難させた伝説が残る。

高遠には昔、戦乱の頃に勢いのあった豪族が住んでいた。ある時、今までにない大きな戦いが起きたので、女性と子供を奥地へ一時避難させた。敵の目を避けるため、多数の黄金をこがね沢に埋め、戦いが鎮まってから掘り出して一族の者に分け与え、その無事を祝ったという。女性と子供は戦争に巻き込まれないように、安全地帯に隔離される必要があったのであろう。

大切なものを沢に埋めたというのは、一時的保管のため私財を地中に埋めたことを伝えている。

イエズス会士日本通信の１５７３年5月27日の条には、織田信長が上京（京都市）を焼き払った際、京都の住民は焼かれることを恐れ、妻子や僕婢、重要な家財、よい衣服、金銀及

大宮八幡社（塩尻市）に残る武田信玄旗立てイチイの樹

信玄の伝説を伝える
大宮八幡社

び高価な道具を、既に焼き払われたり破壊されたりした村に送っていたことが出ている。同じように、高遠の住民も財産を敵の目に付きにくい沢に埋めたと考えられる。

戦争の時、民衆が山に隠れた伝説は長野県内各地に伝わる。内山の城（佐久市）で戦いがあった時、姫が城の東の窪に戦の終わるまで隠れていたため、そこを「かくれっ久保」というようになったとか、本牧（佐久市）の隠れ沢は、信玄に攻められて望月城（佐久市）が落ちた時、城主の隠れた沢だと伝わるなどである。

戦国の合戦の中で有名な天正《てんしょう》3年（1575）の長篠《ながしの》合戦の際も、避難小屋があった。愛知県新城市出沢の小屋久保には、長竹広村（新城市竹沢）の住民が戦いを避けて、ここに隠れたという伝説が残る。

このように、戦国時代の民衆は、戦場から離れたところに小屋などを設けて、戦乱が収まるのを待つこともあった。また、財産を略奪されないようにと必死で隠したのである。

古文書に見る山小屋

天正3年（元亀《げんき》3年との説も）、武田家は遠江《とおとうみ》出陣にあたり27条からなる覚《おぼえ》を定めた。その第3条には以下のようにある。

地下人《じげにん》の事は、案内者を以って糺明せしめ、或いは疑心の輩、或いは部類広き族ばかり妻子高遠へ召し寄せ、その外の地下人には、厳重に誓詞申し付けられ、逆心を企つべからずの旨相定められ、然て山小屋へ入れ、或いは敵退散の砌《みぎり》か、或いは通路を遮《さえぎ》るべき時節召し出し、挊《かせ》ぎ申し付けらるべき事。

この条項には、「庶民については、よく事情を知っている者を使って問いただし事実を明らかにし、武田家に対して疑心を抱く人たちや仲間や親戚が多くある者だけについて妻子を高遠（伊那市高遠町）に召し寄せ、そのほかの人たちからは厳重に武田家を裏切りませんとの誓詞を取って、逆心を企ててはならぬと定めた上で、山小屋に入れて、敵が退散する折か、あるいは通路を遮るべき時節に彼らを召し出し、働くように申し付けよ」とあり、本人たちの当否や善悪をあれこれ論じるまでもなく、武田家中の主だった者や一族が多くいる者たちは、妻子をことごとく高遠へ召し寄せるように、としている。そして、「武田氏に逆心を抱く可能性がある者の妻子を人質として高遠城に入れよ」と命じている。これに対して地下人は山小屋へとあるのは、山小屋が武田家の認識する城でないことを示している。

第13条は次のように記す。

下口貴賤、小屋入り以下の支度相調《ととの》え候の内、上伊奈箕輪《かみいなみのわ》辺の貴賤相集め稼《かせ》ぎの事

織田・徳川連合軍が伊那郡に攻め込んできた時の段取りであろうが、「下伊那口の身分の高い人と低い人、すべての者が山小屋に入るなどの支度をしているうちに、上伊那箕輪あたりの貴賤を集めて働かせること」としている。一般民衆は城と異なる山小屋に入っていた。

武田家が南牧《なんもく》（群馬県甘楽郡南牧村）に出した条目（年未詳）では、1条に「城にいて警護をする部隊の長は、本城に在陣すること」、2条に「市川衆はそのほかの山小屋をそのままにして、新地に在城すること」とある。山小屋に入っていた市川衆が、新地の城に入るようにと命じられている。山小屋と城とはここでも区別されていた。

上杉謙信側の文書にも小屋は見える。

永禄《えいろく》4年（1561）に上杉家臣の北条高広《きたじょうたかひろ》と河田長親《かわだながちか》が出した制札《せいさつ》には、「妙沢《みょうさわ》小屋において、越・関の諸軍勢、乱暴狼藉《ろうぜき》停止」とある。妙沢は三夜沢（群馬県前橋市）で、小屋

の中にいる者たちへの乱暴狼藉を禁止している。敵対する者の籠もる城には攻撃が加えられる。乱暴してはならないとする内容と三夜沢の地形からして、小屋は山小屋であろう。

ポルトガル人のイエズス会士ジョアン・ロドリゲスの『日本教会史』はこう記す。

王国が相次ぐ戦乱の状態に置かれていた期間は、領主や貴族でさえその家屋や住居が貧しくて惨めであったことについては触れないでおくが、戦乱による火災のためすべてが破壊され、一般に領主と貴族は高い山にある城郭《じょうかく》に住み、その他の民衆は山中の森林や頂上、または叢林《そうりん》に住み、それらの家屋はいずれも通常茅や干し草でできていた。なぜなら都、堺その他諸国の有力な領主の城郭に近い場所のように、いっそう安全な場所はわずかしかなく、それを除けば、都市や集落で安全に暮らすことができなかったからである　（意訳）

ここでも戦乱の中で城主と貴族は山城に、その他の民衆は茅や干し草でできた家屋と山小屋の実態が示される。

『甲陽軍鑑《こうようぐんかん》』によれば、天正10年（1582）に織田・徳川の連合軍が甲斐《かい》に迫ると、武田勝頼はわずか千人ほどで未完成の新府城《しんぷじょう》（山梨県韮崎市）に立て籠もった。そこでの今後を決める評議において、嫡子の信勝《のぶかつ》は「古府中（甲府市）にても、いづかたにも籠もりなさるべき所あるまじく候、山小屋などへ入り給はんより、半造作の新府にて御切腹なされ候へかし」と発言した。武士が戦わずに避難を主目的とする山小屋に入るのは恥ずかしいとの意識は、武士は戦いの場である山城に入るべきだと理解していたことを示している。

武田滅亡と山小屋の存在

戦乱が大きくなればなるほど、民衆は戦争から逃れなければならなくなった。そうした状況は、天正10年（1582）の武田氏滅亡に関する伝説によく示されている。

武田氏の滅亡に際して、唯一本格的に織田方に抵抗したのは高遠城であった。天正10年春の高遠城落城の際、板町村（伊那市高遠町）の老若男女は戦火を避けて、城の東側にある月蔵山《ざうさん》の後ろ側に位置する駒ヶ久保という場所に柴小屋を作り、しばらく住んだという。

また、勝間村（伊那市高遠）の龍勝寺《りゅうしょうじ》の奥、秋葉釣根の向かいを「隠し畑《けむり》」と呼ぶ。この地もやはり、籠城《ろうじょう》の時に村の老若男女が身を潜めたところだと言い伝えられている。駒ヶ久保も隠し畑も、山深い高遠でも特に人家から離れた山中である。同時に沢があり、水が補給でき、籠もることができた。

織田軍が信州・甲州へ攻めてきた時、甲州勢は狼狽《ろうばい》して逃亡し、勝頼もわずかな人数で新府（韮崎市）へ退いた。この時、諏訪衆は山小屋へ登った。諏訪衆の入ったとされる場所に山城の跡はなく、三、四間ほどの岩穴に入った者もあったことから、山小屋は避難のため急遽用意された逃げ込みの場所だったようである。諏訪の小平道三《こだいらどうさん》は、敵の追走を阻もうと鬼場川の橋（茅野市）を切り落として、渋山に籠もった。

織田軍はやがて甲斐に攻め入った。山梨県北杜市武川町《むかわ》に「餓鬼《がき》ののど」と呼ばれる場所がある。『甲斐国志《かいこくし》』によると、村の西、少し南の山中にあり、五代将軍徳川綱吉《つなよし》の寵愛を受けた柳沢吉保《よしやす》の先祖の柳沢信俊《のぶとし》が兵火を避けたところだという。


村を出て石洞川《いしうとろ》を越え川を左にして西南に一里余り行くと、川の東南に星山の跡が見える。また西南に六、七町行くとワサビ菜沢に出るが、そこには滝があり、その南の岸上を遠見場《とおみば》と呼ぶ。二町ばかり行ってまた沢を渡ると、左に滝があるが、樹木が繁茂していて全体を見ることはできない。さらに四町ばかり行くとやや平坦な所があり、草の中を数十歩行くと方六、七尺の石が突起している。伝えられるところによれ

ばその下に空間があり、昔柳沢兵部が隠れた。（意訳）

天正10年に柳沢信俊が隠れたのは、前々から用意されていた場所ではなく、急遽、逃げ込んだ洞穴であった。また、柳沢氏を含む武川衆《むかわしゅう》は、いずれも妻子などを山中に隠していたようである。

『甲陽軍鑑』には次のようにある。

三月三日の朝、地下人《じげにん》ことごとく地焼きを仕り、山小屋へ入るとて、西郡《にしごおり》、東郡《ひがしごおり》（甲府盆地の笛吹川より西と東の地域）、北は帯那《おびな》の入り御嶽《みたけ》（甲府市）、さては穴山《あなやま》殿、逆心の地へ退もあり、（中略）西郡に知行もちたる者は東郡の山へ入り、東郡に知行持たる人は逸見《へみ》へと（後略）。

天正10年に織田勢が乱入してくると、「泰山がたちまちに崩れ、江河があふれたよう」に人々が恐れおののいて、東西に分散して深山岩陰に潜み、隠れた。

武田家が滅亡した時、藤井荘（山梨県韮崎市藤井町）の諸村の人々が兵火の難を避けたという伝説があるのは、茅ヶ岳《かやがたけ》（北杜市・甲斐市）の麓で深い谷がある風越山《かざこし》である。この時、新府以西の諸村は、武田（韮崎市）の八幡沢の奥に隠れたという。

武田氏の地である田野（同甲州市大和町）から約二十五町（約2・7キロ）も離れた曲沢の谷間にある小屋場にも、天正10年の戦乱の際に村人が仮小屋を建てて避難したとの伝説がある。

民衆は戦争から身を守るため、必死で山の中に身を隠した。信濃・甲斐の山小屋にかかわる伝説の多くが、天正壬午《じんご》の乱と呼ばれる天正10年の武田氏攻撃に結び付いているのは注目される。両国の歴史においてこの戦争は、その後も長く記憶されるほど特別なことだったのである。

賢甫義哲《けんぽぎてつ》が記した『長楽寺永禄日記』の永禄8年（1565）正月9日の条に、「矢内修理亮《やないしゅりのすけ》から十三日に金山城の実城《みじょう》（本丸）において好茶・香の物を所望された。しかし、義哲はこちらには何もないので、それより前に山之小屋《やまのこや》からそちらへ進上すると答えた」（意訳）という記載がある。

織田信長の京都侵攻を恐れた京都の住民が、重要な家財などを既に焼き払われた村に送っていたことを前提にするならば、長楽寺も戦乱に備えて、多くの物資をわざわざ山之小屋に運び込んでいたのであろう。

2　自ら戦う民衆

武装する

長野県塩尻市に残る「武田信玄旗立てイチイの樹」の伝説では、血気にはやる若者たちが陣をつくって、武田軍が来たらば一戦を交えようと準備したと伝えられた。ここには武田軍と戦おうとする民衆の姿が描写されている。

民衆というと、ややもすれば武士の命令に従うものと想定しがちであるが、必ずしもそうではない。豊臣秀吉が3カ条からなる「刀狩令《かたながりれい》」を出したのは天正《てんしょう》16年（1588）7月であった。秀吉は諸国の百姓が刀、脇指《わきざし》、弓、やり、鉄砲、そのほかの武具を所持することを禁じ、以後百姓は農事に専念すべしと命じた。これは当時の百姓たちが、刀から鉄砲に至るあらゆる武器で武装していたことを示している。

戦国の争乱で、正規の武士でなかった従軍者が人狩りを行ったことを述べた。彼らも武装した民衆の一部であった。武士と百姓の区別がほとんど付かないくらい、当時はすべての人が武装し、いざという時には戦える態勢を整えていたのである。

戦国時代末期の日本で布教活動をしたイエズス会宣教師ルイス・フロイスの『日本史』はこう記す。

天正14年（1586）に薩摩《さつま》の島津家久《しまづいえひさ》の軍勢は通過する豊後《ぶんご》の南郡、その他の所を焼き払って、逆らう者を殺した。そしておびただしい数の人質、とりわけ婦人、少女らを拉致した。野津《のつ》（大分県臼杵市）の約300名のキリシタンは、薩摩勢が到達すると鍋田《なべた》（臼杵市）という城塞《じょうさい》に妻子とともに籠居し、二度にわたって交戦した。薩摩軍は野津の指導者リアンに150名の女たちを人質とし、また子供たちを渡すように要求し、随わねば全員を殺戮《さつりく》すると伝えた。リアンは「この城塞には我らが随わねばならぬ城主が入るわけではない。付近の者や友人仲間が集まっているだけだ。たとえ討ち死にしようとも、妻子を渡すことは断じて致さぬ」と答えた。この言葉を聞いて薩摩軍は次の任務に向かって遠ざかっていった。その後、リアンは野津の人々を集め、「もし汝等が助かりたいと思うなら、あの城塞で家族ともども皆が打って一丸となって強くなるのが得策だ」と語った。このようにして3、4千名近い人たちがそこに集結した。（意訳）

ここには人狩りの危機にさらされた村と、城塞に籠もって薩摩軍と戦った民衆の動きが示されている。野津の人たちが籠もった城塞遺構は、山頂から北側に向かって続く緩斜面に小さな平段を段々と連ねているだけなので、領主の城でなくて地域住民の城、いわゆる村の城だったと言えよう。

戦乱の時代、武士も民衆も防御に気を遣っていた。

千葉県の中世遺跡の発掘成果によれば、鎌倉時代から南北朝時代にかけては、平野部で方形プランの館跡と集落跡、台地上で城館跡と墓遺跡が遺跡の中心を占めていた。15世紀半ばを中心とする頃に平野部に立地する城館が廃絶し、丘陵や台地上に堀や土塁で区画された防御性の強い城館が築かれ始める。

千葉県山武《さんぶ》郡《ぐん》横芝《よこしば》光町《ひかりまち》にある篠本《ささもと》城は、標高35から36メートルの菱形の台地上にあり、周囲は比高差25メートルの急峻な崖となっている。城が使われた最盛期は15世紀で、15世紀末から16世紀前半に衰退したようである。城は堀や土塁、切岸《きりぎし》で五郭に区画され、内部からは無数の建物跡、土坑（穴）、溝などが隙間なく検出された。出土遺物が多量に出るので、城内では長期間にわたって日常生活が営まれていたことが知られている。また、五輪塔や宝《ほう》篋印塔《きょういんとう》が多数出土しているので、城内には石塔が立つ墓域があったようである。

さらに、対岸の台地上にも同じ時期の屋敷地と考えられる遺跡が存在する。遺物にはステータスシンボルになる美術陶磁器が少ない。こうしたことから、これは中世集落の一形態と見られ、室町時代から戦国時代の前半にかけて、それまで平地にあった集落が防御に意を注ぎながら、台地上に移った可能性が高い。

千葉県では、15世紀の半ばに築かれ、16世紀半ばまでに廃絶する城が多く見られる。その後の城の形態の一つに、城の裾に根小屋《ねごや》や「宿」の地名を持つ集落が展開するものがある。この場合は城の守りを強化し、民衆は城の外に置かれ、いざという時に城の中に入ることになろう。

それに対して、戦国時代を代表するのは惣構え構造の城で、主郭部に隣接する台地を堀や谷津を利用して大きく囲い込んで、その中に城下町を形成する。この場合は都市を城の中に取り込み、農村は外に置かれるので、武士の守る城と密接な関係を持つ都市と、城では守られない集落とに分かれてくるのではないだろうか。

諏訪上社の神職、神長守矢《じんちょうもりや》氏による『守矢頼真書留《よりまさかきとめ》』によれば、武田信玄は天文《てんぶん》11年（1542）に信濃の諏訪を攻め、五日町・十日町・上原町（いずれも茅野市）の堀周りにことごとく放火した。これらの町の周囲には防御のための堀が設けられていたことが知られる。ここは諏訪氏の上原城城下町なので、堀が惣構え的な意味を持っていたと考えられる。

集落には、全体を堀で囲んで防御しようとするものがある。この発想は、弥生時代の集落として名高い佐賀県の吉野ヶ里《よしのがり》遺跡（佐賀県吉野ヶ里町・神埼市）に代表されるように古くから見られるが、戦国時代には大規模になった。その代表が堺や博多である。

各地の環濠集落《かんごうしゅうらく》にも、戦国の系譜を引くものがある。長野市にある浅川扇状地遺跡群の駒沢城についても、戦国末に防御のために堀をめぐらして計画立村した集落の可能性が考えられる。

また、長野県塩尻市の北熊井城は舌状台地上の巨大な城で、周囲を堀切と土塁が取り巻き、郭内は広い平地である。規模の大きさと、単純な構造からして、この城には集落そのものが入っていたのではないだろうか。

戦争が小規模な場合、領主の城の中は住民の安全を守る場所だった。しかし、戦争が大規模になると、落城すると籠城していた人たちは人狩りの対象になる。このため戦国時代も末

北熊井城（塩尻市）の大きな廓。広大な平地が堀切と土塁に取り巻かれており、集落全体が入っていたかもしれない

北熊井城の堀切

になると、村人は領主の戦いに関係しない場所で身を守った方が安全になった。そこで、村民は自ら城や山小屋を持つに至った。

集落が戦乱からいかに逃れるかは、地域における戦乱の様相、地形や環境、さらに歴史的な背景などによってさまざまであった。人々は命と財産を守ろうとして種々の手段を取ったが、このために住民の自治も重要な要素だった。

城に籠もる

天正5年（1577）11月、羽柴秀吉は熊見川《くまみがわ》（佐用川《さようがわ》）を越えて、毛利方の上月城《こうづきじょう》（七条城・兵庫県佐用郡佐用町）を攻めた。7日目に城中の者が上月城主の首を切り取って持ってきて、残党の命を助けてほしいと嘆願したので、秀吉はその首を安土城《あづちじょう》（滋賀県近江八幡市）の織田信長へ届けた。そして、上月城に立て籠もっていた残党をことごとく引き出し、備前《びぜん》と美作《みまさか》両国の境目で磔《はりつけ》にして放置した。

『下村文書』によれば、秀吉は宇喜多《うきた》氏との合戦場から引き返し、いよいよ上月城を取り詰めた。水の手を切ったこともあり、上月城の籠城者がいろいろと詫びを入れてきたが、秀吉は受け入れなかった。猪垣を三重にして城外へ逃亡できないようにし、諸口から攻撃を仕掛けて城を落とした。敵兵の首をことごとく刎《は》ね、敵方への見せしめとして、女・子供20

0人余を播磨《はりま》（兵庫県）・美作・備前の境目において、子供を串刺しにして、女を磔にして並べ置いたという。

女・子供だけで200人以上とすると、城近辺の一般人も城に籠もっていたのであろう。

長野県佐久市小田井字金井にあった金井城《かないじょう》跡は、北陸新幹線が城跡を貫通し、北側は工業団地となっていて、主郭部を除いて遺構が消滅した。城域総面積は20万平方メートルを超え、佐久地方でも屈指の規模である。昭和63年（1988）から平成2年（1990）の3年にわたって、8万平方メートルに及ぶ発掘が実施され、多くの興味深い事実が確認できた。

城跡は、標高750から780メートルの浅間山の南麓末端部に位置し、湯川を東側直下に控えた舌状に張り出す切り立った台地上にある。河床との比高差は30から40メートルで、城郭の三方は自然の地形によっている。城は東南の主郭を中心に5本の大きな空堀によって郭を構成し、堀とそれに並走する土塁によって仕切られた扇形（梯形）の縄張りで、二の郭、三の郭を配置し、北側に浅い谷を隔てて北郭がある。

この城に関する古文書はない。吉沢好謙《たかあき》によって寛保《かんぽう》2年（1742）にまとめられた『四隣譚藪《しりんたんそう》』、同じ好謙によって延享《えんきょう》元年（1744）に書かれた『信陽雑志《しんようざっし》』等に、その存在が記される程度だった。

遺構は竪穴建物６０３棟（柱穴のあるもの58棟）、周溝のみで柱穴のないもの34棟、柱穴も周溝もなく、平坦な床面のみのもの１４８棟であった。最初から計画された城跡の建物としてはあまりに数が多い。膨大な遺構は、柱穴のある竪穴建物と掘立柱建築物を核として、多くの柱穴のない竪穴建物と土坑という組み合わせで構成されている。柱穴のない竪穴建物や土坑の数が異様に多い。建物は二の郭と三の郭に集中し、上位曲輪に近づくほど建物に違いがあり、階層による区別がされていた可能性がある。大方の遺構は16世紀のごく短期間に造られたものと考えられている。

出土遺物は土鍋・かわらけ・陶磁器・火鉢・石製品などで、陶磁器類はわずかしか出ず、粉《こな》挽《ひ》き臼・茶臼・撞《つ》き臼・石すり鉢・砥石《といし》・火鉢・紡錘車《ぼうすいしゃ》などの石製品が多い。城域からすると遺物はさほど多くなく、調理具が全域に渡って出土している。

領主クラスの人が日常的に住む城ならば、もっと多くの生活遺物が出土し、建物も礎石建てがあってもおかしくない。このことから、城は戦争に際して武士の駐屯地として短期間の利用が考えられる。だが、竪穴建物の遺構の数の多さや、出土品からして民衆が戦乱から身を避けるために逃げ込んだ跡の可能性もある。

吉田（山梨県富士吉田市）は、中世に富士参詣の基地として、富士山御師《おし》（富士山への参詣者を案内し、参拝・宿泊などの世話をする者）が集住した町であった。この町ではいかにして平和を守ろうとしていたか、『勝山記《かつやまき》』で確認しよう。

文亀《ぶんき》元年（１５０１）9月、伊豆《いず》から北条早雲《ほうじょうそううん》が甲州に討ち入った時、吉田の城山が姿を現す。この時期の吉田には領主を想定しにくく、城の位置や規模、自治などからすると、この城は住民が築いた可能性が高い。永正《えいしょう》6年（１５０９）に、甲府盆地を中心とする国中《くになか》勢と都留郡の郡内《ぐんない》勢が戦った際、「下の検断《けんだん》」と「吉田ノ要書記《ようしょき》」が討たれている。「下の検断」は下（下吉田）地域の警察権や裁判権を行使する役職の名を示し、「吉田ノ要書記」も自治の要となる書記の役割を示すのではないだろうか。そうだとすると、この時期までに吉田には「要書記」の役割を持つ人物がいて、自治組織があったことになる。

永正14年（１５１７）、前年からの攻撃で甲州の先方衆が勝ち、駿河《するが》と吉田が講和を結んだ。吉田には強力な自治組織が存在したので、独自に講和を結ぶことができたのであろう。ちなみに、都留郡は翌永正15年に駿河と講和をし、駿河と甲州の和睦は大永《たいえい》7年（１５２７）までかかる。こうした状況から、吉田は組織化され、しかも駿河と講和できるような外交手腕も備える、強力な自治があったと推定できよう。

天文7年（１５３８）、「吉田宿中ノヲトナ衆」は新宿を夜がけされたため、下吉田の河原に住んだ。彼らは武田信虎《のぶとら》と北条氏綱《うじつな》が和談してから吉田に帰った。「宿中の大人衆」という書き方からしても、吉田は自治がなされていた。

弘治《こうじ》2年（1556）、小林貞親《さだちか》が吉田衆に対して道理に合わないことをしたので、吉田衆20人に御家人も交じって谷村《やむら》（山梨県都留市）の小山田信有のもとに押しかけて判断を仰いだ。しかし、裁きがなかったので甲府の信玄のところへ行き、吉田人衆の主張が通った。

下吉田においても小林和泉守《いずみのかみ》の非分に対して、下吉田の100余人が談合して小山田信有のもとに行き、信有が谷村に下吉田衆を呼んで裁判をしている。

元亀《げんき》元年（1570）の吉田「西念寺《さいねんじ》僧衆番帳」には、筒屋《つつや》、箸屋《はしや》といった商人的な名前も見え、明らかに吉田は町化していた。吉田には財力もあったのであろう。

『甲斐《かい》国志』によると、吉田は元亀3年（1572）に一村を挙げて今の地に移った。通説によれば移転は、信玄あるいは地域の領主小山田信茂の力によるとされる。しかし、地元では古吉田にあったこの村が雪代《ゆきしろ》（富士山の雪解けによる土石流）の被害を受けたため、村を挙げて現在地に移ったと伝え、全村移住に先立ち「元亀元年に根の神と西念寺を移した」とか「初めに指導的な立場の五軒の御師が移ってきた」などといい、権力の介入を伝えていない。史料的に町の移転を命じた領主なども確認できず、初めに指導的な立場の御師が移ってきた伝承からしても、自治組織を前提にして自発的になされたのであろう。

富士山から北流する間堀川《まぼりがわ》は宮前橋で西に流れ、その後、再び北に向かう。大きな雪代が起きた場合、直接集落を襲うので、雪代の被害を避けるために移転したとの説明は納得できる。

吉田は甲斐と駿河との国境に近いこともあって、城山を舞台に取り合いがなされ、城の近辺であるが故に住民が戦乱に巻き込まれた。住民の安全のための城が、逆に危険をもたらすことになった。村人は戦乱から身を守るために城山から離れ、集落自体の安全が確保できる地を求めたのではないだろうか。

現在の吉田は東を間堀川、西を神田堀川《かんだぼりかわ》に囲まれており、いずれも深さ数メートル、幅30メートルほどの天然の堀になっている。二つの川で囲まれた場所が防御に都合がよいと判断され、また精神的には南に富士山を負い、高所にある地域の氏神的な諏訪神社と現在の北口本宮冨士浅間神社から守ってもらえるなどの理由から、ここが選ばれた可能性もある。自治組織が強く、経済力もあった吉田は、天然の要害であることをも意識して集落を移転したのであろう。

一揆と虐殺

信長が武田氏を滅ぼした後、天正10年（1582）に出した禁制には、「御判銭《ごはんせん》・取り次ぎ銭・筆耕《ひっこう》等、これを出すべからず」と記されている。それまでの禁制は原則として、こうした金を取って発給されていた。実際、信長は永禄《えいろく》11年（1568）、足利義昭《あしかがよしあき》を奉じて上洛した後、奈良に対して大名が〝濫防狼藉《らんぼうろうぜき》〟を行うことなどを禁止する制札下付のための「制札銭」を掛けている。

禁制は、その宛名になった寺社や地域に対して、濫防狼藉を行うことなどを禁止するものなので、平和付与の意義を持つ。村は、平和を守るために、地域の寺社あるいは村として禁制を買い込んで、平和領域の設定に努めていた。

戦国時代、強豪武将の対立に挟まれた境目にある村や町が、双方の軍に襲われるのを免れるための「半手《はんて》」とか「半納《はんのう》」と呼ばれる敵方に米を貢ぐ習俗があった。『北条五代記』によれば、北条と里見の戦いに際して、島崎などに住む者は私的に和睦して半手を出していた。敵と味方に年貢を半分ずつ納めることによって、両方の味方として夜討ちや乱取りを免れた。半分であっても年貢を納めた以上、納めた相手から保護してもらう権利が生じたのであろう。これも村が自治力を持っていなければできることではない。

このように、戦国時代の村は自治が強く、自らの力で城を築いたり、平和を買ったりしていた。しかも、いくつもの村が連合して横につながることで力を蓄え、領主に対抗するようなこともあった。人々が横につながって、行動を一つにするのが一揆である。

人々は一揆をなして、天下統一を目指す織田信長と戦ったが、信長の前に多くの人が殺された。その一端を『信長公記《しんちょうこうき》』から見てみよう。

天正2年（1574）6月、伊勢長島一向一揆の成敗のために信長軍が出兵した。大鳥居《おおとりい》城《じょう》（三重県多度町）に籠城していた人々は、まず8月、夜の風雨に紛れて退散しようとした男女千人ばかりが切り捨てられた。9月、信長は降伏を申し出て長島（三重県桑名市）から船で退去しようとした一揆勢を鉄砲で攻撃し、際限なく川へ切り捨てた。一揆勢のうち700人から800人は裸になって反撃し、信長の庶兄である織田信広《のぶひろ》や弟の織田秀成《ひでなり》など、多くの織田一族が戦死した。包囲を突破した一揆の者は川を越え、多芸山《たぎさん》（養老山）や北伊勢へと退き、大坂へと逃げた。信長は中江城《なかえじょう》（桑名市）と屋長島城《やながしまじょう》（同）を柵で囲んで火攻めにし、城中の2万人ほどを焼き殺した。

翌天正3年8月には、鳥羽《とば》（福井県鯖江市）の城を落とし、500人から600人を切り捨てた。美濃《みの》から郡上《ぐじょう》（岐阜県郡上市）方面に出陣し、越前《えちぜん》の大野郡に攻め込んで小城を攻め落とし、放火した。一揆勢が取るものも取りあえず右往左往して、山へと逃げ入ったので、信長は「山林を尋ね探して、男女の別なく切り捨てよ」と命じ、1万2250余にも及ぶ人をからめ取った。信長はこれらの人々をすべて殺し、「生け捕りと誅されたる分、合せて三、四万にも及ぶべく候」という状況になった。

信長の支配を拒み、自主独立を掲げていた伊賀《いが》惣国一揆に対し、信長は天正9年（1581）、伊賀（三重県西部）へ至るあらゆるルートから侵攻を開始した。この結果、集落や寺院はことごとく焼かれ、逃げ場を失った人々は一方的に殺戮《さつりく》された。一説では、伊賀全体の人口9万のうち、およそ3万余が殺害されたという。

信長の虐殺ぶりの情報は各地に流れたはずで、武田家滅亡の折に信濃や甲斐の住民が山中に逃げ隠れたのも当然と言えよう。

信長勢の惨殺は信濃でもあった。北信濃の芋川《いもかわ》一揆を見てみよう。

若宮城《わかみやじょう》（上水内郡飯綱町）を拠点にしてその周囲に勢力を持っていたのが芋川氏だった。芋川氏の領域は武田と上杉の領域の境界付近に位置し、どちらにとっても重要な場所だった。芋川氏は武田信玄に降伏し、家臣になっていた。信玄は永禄12年（1569）2月、芋川親正《ちかまさ》への書状で「雪解けを待って越後に出陣するので、境を無事に守ってほしい」と伝えた。天正6年（1578）の御館《おたて》の乱を契機に、武田勝頼と上杉景勝との間で同盟が結ばれると、武田と上杉の緊張は緩和し、芋川氏も安定的な支配を行うことができるようになった。

ところが、天正10年（1582）3月、芋川氏の後ろ盾であった武田氏が織田軍のために滅亡した。

織田信長は武田旧領の国割を行って、北信濃の高井・水内・更級・埴科4郡を森長可《もりながよし》に与えた。武田滅亡とともに上杉景勝も北信濃平定に乗り出し、信玄が北信濃支配の拠点として築かれた長沼城（長野市）を乗っ取った。

芋川親正は森長可から上杉討伐の兵を出すよう要請されたが、結局、景勝側に付くことを決めた。領内の一向宗門徒、反織田を掲げる信濃国人を煽動《せんどう》して8千の兵を集め、長沼城主の島津忠直《ただなお》らと連携した。

芋川親正などの「浪人・武者・土民・百姓都合一万余人」（『惣見記《そうけんき》』）の一揆勢は、即座に稲葉貞通《いなばさだみち》の守る飯山城（飯山市）を包囲した。長可はこれに素早く対応し、稲葉一門を派遣し、上野《こうずけ》北部に布陣していた信長の嫡男である織田信忠《のぶただ》にも連絡し、団忠正《だんただまさ》の加勢を得た。このため、一揆勢はひとまず大倉城（長野市豊野）に退却した。景勝も「飯山・長沼の模様、心もとなきの間、上條方差し越し候」（『上杉年譜』）と、配下の上条宜順《じょうじょうぎじゅん》（政繁《まさしげ》）を信濃に派遣した。

4月、8千人ばかりの一揆勢は、防衛力の弱い大倉城から長沼城を目指して移動を開始したが、既に長沼城は長可によって攻略されていた。一揆勢は、長沼口で長可軍3千の奇襲攻撃を受け、1250人余りが殺された。大倉城も、進撃してきた長可の兵によって、女性や子供千人余りが切り捨てられ、２４５０にも及ぶ首が討ち取られた。こうして一揆はわずか１日で壊滅的打撃を受け、芋川親正も信濃に留まれずに、景勝を頼って落ち延びた。

国家統一に向けた織田軍は、地方においても、これほどまで残虐な行為をしていた。逆に従来の権力と異なり、徹底的に敵を殲滅《せんめつ》する兵力・権力を持っていたからこそ、国家統一に突き進むことができたとも言えよう。

一揆の末路　島原の乱

一揆と国家権力との最後の戦いが島原の乱であった。島原藩のある肥前《ひぜん》島原半島（長崎県）と唐津藩の飛地・肥後《ひご》天草諸島（熊本県）の領民が、百姓の酷使や過重な年貢負担、飢饉、キリシタンの迫害などに対して起こした反乱である。

反乱の原因を同時代の記録は、年貢の取りすぎにあるとしている。一方、島原藩主であった松倉勝家《まつくらかついえ》は、反乱勢がキリスト教を結束の核としていたので、キリシタンの暴動と主張した。江戸幕府も島原の乱をキリシタン弾圧の口実に利用した。

島原の領民は、武士身分から百姓身分に転じて地域の指導的な立場に立っていた旧有馬氏家臣の下で組織され、密かに反乱計画を立てた。肥後天草でも、小西行長《こにしゆきなが》らの改易《かいえき》で大量に発生した浪人を中心に一揆が組織された。島原の乱の首謀者たちは、16歳の天草四郎（益田《ますだ》四郎時貞《しろうときさだ》）を一揆軍の総大将として決起することにした。

寛永《かんえい》14年（1637）10月23日、島原の有馬村（長崎県南島原市）で「デウスの絵」を掲げ、布教していた二人のキリシタンが、家族と一緒に捕まった。翌日、村人が二人の家の前に集合した。代官の林兵左衛門と本間九郎左衛門は現場に赴き、解散させようとしたが、拒否された。25日、有馬村の代官林兵左衛門を殺害して、乱が勃発した。

島原藩は直ちに討伐軍を出して深江村（同）で一揆軍と戦ったが、兵の疲労を考慮して島原城（長崎県島原市）へ戻った。島原藩勢が島原城に籠城して防備を固めると、一揆軍は城下に押し寄せ、城下町を焼き払い、略奪などを行って引き上げた。

数日後、肥後天草でも天草四郎を頂いて一揆軍が蜂起した。島原の一揆軍は11月14日の本《ほん》渡《ど》の戦い（熊本県天草市）で、富岡城（天草郡苓北町）代の三宅重利《みやけしげとし》を討ち取ると、富岡城を攻撃して北丸を陥落させ、落城寸前まで追い詰めた。しかし、九州諸藩の討伐軍が近づいていることを知り撤退して、廃城となっていた原城（南島原市）に籠城した。これに天草の一揆勢が合流した。正確な人数は不明ながら、3万7千人ほどであったという。一揆軍は原城を修復し、藩の蔵から奪った武器弾薬や食料を運び込んで討伐軍の攻撃に備えた。

乱の発生を知った幕府は、上使として板倉重昌《いたくらしげまさ》、副使として石谷貞清《いしがやさだきよ》を派遣した。重昌に率いられた討伐軍は原城を包囲して再三攻め寄せたが、敗走させられた。幕府が二人目の討伐上使として老中の松平信綱《まつだいらのぶつな》、副将格として戸田氏鉄《とだうじかね》らの派遣を決めたため、板倉重昌は信綱の到着前に乱を平定しようと、翌寛永15年1月1日、再度総攻撃を行い、多くの死傷者を出し、自身も鉄砲の直撃を受けて戦死した。

九州諸藩の増援を得て、12万以上の軍勢に膨れ上がった松平軍は、陸と海から原城を完全包囲した。甲賀忍者の一隊が原城内に潜入して、兵糧が残り少ないことを確認し、信綱は兵糧攻めに作戦を切り替えた。

1月6日、長崎奉行の依頼を受けたオランダ商館長クーケバッケルは、船砲五門（ゴーテリング砲）を陸揚げして幕府軍に提供し、さらにデ・ライプ号とベッテン号を島原に派遣し、海から城内に艦砲射撃を行った。

2月27日に総攻撃が開始され、諸大名が続々と攻撃を始めた。兵糧攻めの効果で城内の食料、弾薬は尽きかけていた。討伐軍は圧倒的に多く、この総攻撃で原城は落城した。天草四郎は討ち取られ、一揆軍は皆殺しにされて鎮圧された。

13万近くの軍を動員した幕府討伐軍の死傷者数は諸説ある。『島原記』は死者１１３０人、負傷者６９６０人。『有馬一件』は死者２８００人、負傷者７７００人。『オランダ商館長日記』は士卒８万のうち死者５７１２人とする。

一揆勢は推定で、戦闘員が1万4千人以上、女・子供などの非戦闘員が1万3千人以上、

有馬キリシタン遺産記念館に展示されている原城で発掘された累々たる人骨。遺体の多くは腓骨や大腿骨に刀傷を受け、首のないものが多い（長崎県南島原市提供）

原城跡（長崎県南島原市）

原城跡に建つ天草四郎の像

総計約3万7千人（ただし総攻撃を前に脱出した一揆勢を除き、2万7千人とするなどの異説もある）。幕府軍の攻撃とその後の処刑によって、最終的に籠城した老若男女3万7千人は全員が死亡。生き残ったのは、内通者であった山田右衛門作《やまだえもさく》（南蛮絵師）ただ一人であったと言われる。

原城の遺構からは、累々たる一揆参加者の遺骨が発掘されている。しかも、遺体には首のないものが多い。遺骨を見ると多くが腓骨《ひこつ》や大腿骨《だいたいこつ》などに刀傷を受けている。足を傷つけておいて動けないようにしてから攻撃を加え、首を取ったのであろう。

破城によって散在する石の下には、現在も多くの遺骨が眠っている。このすさまじい一揆勢の大弾圧によって、以後幕府に対する反乱はなくなる。圧倒的な軍事力と、力によるねじ伏せの結果、社会の安定が図られたとも言えよう。

3　寺に逃げ込む

アジールとしての寺

戦国時代は、民衆が住む村や町も戦火に見舞われた。このため、民衆は戦乱から身を守らなければならなかった。そのような時、山小屋に籠もって戦乱を避けることができない、つまり山がないような地域ではどうしていたのだろうか。

「心頭滅却《しんとうめっきゃく》すれば火も自ずから涼し」という言葉は大変有名である。これは天正《てんしょう》10年（1582）3月の武田氏滅亡に際して、織田氏に敵対した者をかくまったとして火をかけられた恵林寺《えりんじ》（山梨県甲州市）の山門で、快川紹喜《かいせんじょうき》が唱えた偈《げ》である。

快川が織田氏の敵をかばったのは、寺は逃げ込んでくる者をかくまうべきとの社会通念があったからである。

恵林寺の場合、永正《えいしょう》13年（1516）にも同様のことがあった。駿河《するが》勢が甲斐《かい》国内に侵入し、戦火が東郡《ひがしごおり》にまで及んだ時、信玄の父である信虎《のぶとら》は駿河勢に相次いで敗れ、恵林寺に籠もった。戦争で敗れた信虎が身の安全を守るために、寺に逃げ込んだのである。恵林寺ならば相手方も手出しをしないだろうという意識があったのであろう。

恵林寺の例でわかるように、寺や神社は神仏のいる神聖な場所で、世俗の人々が暴力行為などをしてはならないと考えられていた。また、僧侶や神主など多くの人がいる寺社は組織も強固で、一般人は手を出せなかった。建物も大きく、外側には土塁《どるい》や堀などがめぐらされ、砦《とりで》としての役割を持っていたことも忘れてはならない。

大永《だいえい》5年（1525）8月、信虎は向嶽庵《こうがくあん》（甲州市の向嶽寺）に禁制を与えた。その第1条は「当庵において、俗徒のいろ《（綺）》いあるべからざるの事」と、世俗の者が寺に干渉することを禁止している。第3条で寺内における殺生を禁止し、さらに第5条でたとえ警察権や刑事裁判権を持つ者であっても、向嶽庵に対して干渉してはならないと宣言した。禁制の文言に現れている意識は、当時の人々にとって常識だった。

山梨県の県庁所在地である甲府市は、永正16年（1519）に信虎が躑躅ヶ崎館《つつじがさきやかた》（武田神社境内）を築き、家臣団を集住させたことに始まる。信玄の重臣だった駒井高白斎《こうはくさい》が書いた『高白斎記』（『甲陽日記《こうようにっき》』）によると、永正17年（1520）6月晦日に「積翠寺《せきすいじ》丸山を御城に取り立てられ普請初まる」とあり、躑躅ヶ崎館の詰めの城として、いざという時の用意に、積翠寺丸山に築城された要害城であることがわかる。

大永元年（１５２１）9月、駿河から福島正成《まさしげ》が甲斐に攻め込み、富田城《とだじょう》（南アルプス市）が落城したため、信虎の大井夫人は寅《とら》の刻《こく》（午前4時頃）に要害城に向かった。その後、飯田河原《いいだがわら》の合戦（甲府市）で武田方が勝ち、11月3日に晴信《はるのぶ》（信玄）が誕生した。上《かみ》条河原《じょうがわら》の合戦（甲斐市）で武田方が勝利すると、晴信は積翠寺から館へ下りてきた。積翠寺には晴信の産湯の井戸が伝わっている。このことから、要害城も積翠寺のアジール（避難所）性を利用しながら造られたものと言えよう。

越後《えちご》でも寺のアジール性はあった。天文《てんぶん》21年（１５５２）7月、上杉謙信は本成寺《ほんじょうじ》（新潟県三条市）に制札を出した。その第3条には「科人《とがにん》走り入り候時に至るとも、御許容あるべからざる事」（罪科を犯した者が寺の中に逃げ込んできた場合も、これを許してはならない）とある。このような制札が出るのは、罪科を犯す者が寺に逃げ込んでいたことを示す。しかし、文書の趣旨はこれを許してはならないということで、アジール性を否定しようとしている。

日本に来ていたイエズス会のガスパル・ビエラが、元亀《げんき》2年（１５７１）にポルトガルの同僚たちに送った便りには、「石清水八幡宮《いわしみずはちまんぐう》（京都府八幡市）には悪人たちが多数身を潜めている。自分も最初殺されようとした時、京都から逃げてここに8日間隠れた。自分は探索されており、しかもここには頼まれて人殺しをやりかねない悪人が多いので、そのような目

武田氏の躑躅ヶ先館跡（甲府市）から見た積翠寺丸山（中央の黒く見える山）

武田信玄の菩提寺でもある恵林寺（甲州市）

積翠寺に残る武田信玄産湯の井戸

に遭わないために自分の身分を明かさなかった」といった内容が書かれている。石清水八幡宮には探索されている大勢の逃亡者や悪人が逃げ込んでいたのである。

このように、寺や神社は、逃げ込んでくる者をかくまい保護するアジールとしての役割を負っていた。

否定される特殊性

恵林寺は避難所としての要素が強くあったにもかかわらず、武田氏滅亡の折に火がかけられた。前述したように、長楽寺が「山之小屋」に大事なものを避難させたのも同じで、寺社を避難所とする社会慣習の否定によるもので、近世的な動きである。

奥州の伊達《だて》氏は天文5年（1536）の『塵芥集《じんかいしゅう》』で以下のように規定した。

> 科人《とがにん》命をまぬ(免)かれんため、人の在所へ走り入らば、か(彼)の在所の主、は(早)やく追ひ出《いだ》し候べきなり。もし追ひ出すにをよ(及)ばずば、在所《ざいしょ》のうちを捜さすべき也。同坊寺《ぼうでら》へ走り入事、格護《かくご》あるべからざる也。

罪を犯した者が土豪の支配するところに助けを求めて逃げ込んでも追い出すように、もし追い出さなかったら探し出す、同じく寺に逃げ込んだ場合もこれを保護してはならないとしている。

九州の『相良氏法度《さがらしはっと》』にも、「寺家・社家によらず、入りたる科人のこと、則様をか《(外)》へ追出されべし」とある。罪を犯した者が探索を逃れるために寺や神社に保護を求めることが多かったので、それを禁じている。

弘治《こうじ》2年（1556）にできた下総結城《しもうさゆうき》氏の『結城氏新法度《しんはっと》』も以下のように記す。

当方下々にて召仕《めしつか》い候下人・下女、其主《そのあるじ》少しの折檻《せっかん》にも、寺多く候へば、寺房・道《どう》場《じょう》・比丘尼《びくに》所へ走り入る事、際限《さいげん》なく候。然るに其主所望申し候処、返すまじきと寺々より言われ候事、誠に沙門《しゃもん》のあやまり、無道沙汰の限りの事に候。所望申し候はば、是非を抛《なげう》たれ急度《きっと》返され然るべき由、寺々の奏者《そうじゃ》かねて寺家中へ申し置くべく候。

奴隷のような身分の人たちが折檻を受けて寺などに逃げ込んだ時、寺の側は旧来のアジール性を前提に「返さない」と主張したが、結城氏はそれを否定したのである。

寺社のアジール性否定は甲斐の武田氏にも見られる。天正9年（1581）に勝頼は、栗田永寿《くたえいじゅ》と善光寺《ぜんこうじ》衆に宛てて定書を出した。その中に、「一、信州本善光寺より集まり来たるの僧俗、あるいは罪科人を守り、あるいは罰銭《ばっせん》を出すなどの役儀一切停止《ちょうじ》の事。但し佞人《ねいじん》有り盗賊を隠し置き、または国法に背《そむ》かば、厳科を行うの事」とある。この善光寺は信玄が信濃から移転させた甲斐善光寺で、武田氏の権力に組み入れられていたにもかかわらず、罪科人を守り、罰銭（罰金）を出したりして、旧来のアジール性を維持していた。しかし、勝頼は盗賊を隠したりすると厳科に処すと命じた。勝頼の代には、信玄の代以上に寺社への権力浸透が大きくなっていたと言えよう。

例外を残さなかった信長

織田信長の文書として知られている最古のものは天文18年（1549）、16歳の時に尾張《おわり》熱田《あつた》八ヶ村中（愛知県名古屋市）に宛てた制札である。その第3条に「一、宮中は先例に任せて、他国・当国の敵味方ならびに奉公人、足弱、同じく預け物等、改むべからずの事」とある。熱田神社には他国や当国の敵や味方、主人から逃れた奉公人、戦乱などから逃れた足弱などが籠もっており、さらに戦乱などから守るため家財や財物などが預けられていた。権力者がこれを調べて確かめてはいけないと、アジールの確認をしている。

弘治3年（1557）にも熱田検校《けんぎょう》宛てに、敵味方の預け物や俵物などの安全を確認しており、旧来の権利を認めている。戦乱に際して、財産をアジールである寺社に預けることが行われており、信長はそうした習慣を認めていた。

永禄《えいろく》10年（1567）10月付で信長は、円徳寺《えんとくじ》（岐阜市）が所蔵する「楽市場《らくいちば》」宛ての制札を出した。永禄11年9月には同じ円徳寺所蔵の「加納《かのう》」宛ての楽市・楽座の制札が出ている。市は本来的に楽市であったのを信長が再確認したのだとすると、これまで権力が手を入れにくかった場所にまで力を伸ばし始めたことになる。

この年、足利義昭《あしかがよしあき》を奉じて上洛した信長は、10月に摂津《せっつ》・和泉《いずみ》の両国に矢銭《やせん》（軍資金・軍用金）を賦課し、大坂の本願寺《ほんがんじ》に五千貫、堺の南北荘（堺市）に二万貫を割り当てた。法隆寺《ほうりゅうじ》（奈良県斑鳩町）には家銭（棟別銭）銀子150枚をかけた。この前後、長命寺《ちょうめいじ》（滋賀県近江八幡市）にも矢銭三十貫文を課している。

一方、同じ年に信長は大量の寺社宛ての禁制を出した。奈良に制札銭をかけたことからして、銭を出さなかった場所は安全が保障されなかったのであろう。畿内の有力寺院に対し、矢銭などを賦課《ふか》したのは、寺社が特別だとする従来の習慣から、信長が脱却しつつあったことを示している。信長にとって永禄10年は、全国に号令をかける出発点であった。

永禄12年（1569）4月、信長は高野山金剛峰寺《こんごうぶじ》（和歌山県伊都郡高野町）の惣分沙汰《そうぶんさた》所《しょ》中に、「僧侶の全部が三好《みよし》三人衆に味方したことは言語道断だ」として、要害を早々に明け渡すよう求めた。日本を代表する高野山にまで強圧的な態度を取り始めたのである。

同じ月、山城《やましろ》の妙顕寺《みょうけんじ》（京都市）に「当寺寄宿免許の事、御内書・御下知の旨に任せていよいよ相違有るべからず、同じく堂舎・坊中非分の族《やから》は除くの状件の如し」と命じた。後半部分で、寺の堂舎や坊中から不法の者を排除させており、寺のアジール性否定にあたる。今や信長は、寺社を恐れなくなったといえよう。

元亀元年（1570）、本願寺門跡の顕如《けんにょ》は三好三人衆と結んで挙兵し、本願寺門徒が信長の陣営を襲った。この年、尾張小木江《こきえ》城（愛知県愛西市）の織田信興《のぶおき》が、伊勢長島（三重県桑名市）の一向一揆《いっこういっき》に攻撃されたため、信長は正面切って一向一揆と戦わねばならなくなった。そして翌元亀2年9月、比叡山延暦寺《ひえいざんえんりゃくじ》（滋賀県大津市）の焼き討ちを行った。

『信長公記《しんちょうこうき》』によれば、根本中堂・山王二十一社をはじめすべての堂宇は放火され、寺の僧侶はおろか山麓の町に住む一般信徒を含む多くの人々がすべて殺害された。延暦寺は麓に住む人々にとって、戦乱時に避難する場所だったのである。死者数は数千人、宣教師フロイスの書簡では約3千人、公家の山科言継《やましなときつぐ》の日記『言継卿記《ときつぐきようき》』にも3千から4千人とあり、多くの人命が失われた。

信長は、王城の鎮護として知られた延暦寺を焼き討ちしただけでなく、宗教的な敵とも徹底的に戦った。天正2年（1574）には伊勢長島（三重県桑名市）の一向一揆を鎮圧した。天正3年、信長は一向宗徒を攻めて越前《えちぜん》府中（福井県越前市）へ入った。石山本願寺（大阪府大阪市）を根拠に戦っていた顕如も天正8年（1580）に屈服させた。

信長は、敵対する者を徹底して惨殺した。

天正6年（1578）、羽柴秀吉の三木城《みきじょう》（兵庫県三木市）攻撃に参戦していた荒木村重《あらきむらしげ》が戦線を離脱し、居城の有岡城《ありおかじょう》（兵庫県伊丹市）に戻った。信長のもとへ村重謀叛《むほん》の連絡が入ると織田軍が出陣した。荒木軍の切り崩しや、荒木と彼の家臣たちへの説得が続けられ、村重が信長に降る話がまとまったが、信長は許さなかった。

この間、そこかしこの百姓たちはことごとく、甲山《かぶとやま》（兵庫県西宮市）に小屋上がりをした。信長は逃げ込んだ者を山々で探して切り捨てさせ、兵士に兵糧やそのほか思い思いの物を際限なく奪取することを認めた。さらに、信長は大軍で鼻熊（花隈、兵庫県神戸市）を押さえ、山手を通って兵庫に討ち入り、「僧俗・男女の嫌いなく、投げ伐りに斬り殺し、堂塔・伽藍・仏像・経巻、一宇残さず一時に雲上の煙となし、須磨《すま》（神戸市）・一谷《いちのたに》（同）まで相働き、放火候き」という乱暴を行った。

翌天正7年、荒木村重は単身で有岡城を脱出し、嫡男村次《むらつぐ》の居城である尼崎城《あまがさきじょう》（兵庫県尼崎市）へ移った。信長は、村重に代わって有岡城を守っていた家臣たちに、「尼崎城と花隈城《はなくまじょう》（神戸市）を明け渡せば、おのおのの妻子を助ける」と約束した。荒木の家臣たちは有岡城に妻子を人質として残し、尼崎城の村重を説得したが受け入れられなかったので、妻子を見捨てて出奔した。信長は見せしめのため人質の処刑を命じた。

その結果、女房衆122人が尼崎近くの七松《ななまつ》において磔《はりつけ》になった。美しい衣装の女房たちが鉄砲でひしひしと撃ち殺され、やり・長刀で刺し殺された。このほか、悴侍《かせざむらい》の妻子やお付きの者たちなど女388人、女房衆に付け置かれた若党以下の男124人の510余人は家4軒に閉じ込められ、焼き殺された。風が回るにしたがって魚がこぞるように上を下へとなみより、焦熱・大焦熱の焔にむせび、躍り上がり飛び上がり、獄卒の呵責の攻めのようであったという。

全国統一に際して、信長は敵対した者たちを徹底的に叩きつぶした。もしアジールを認めたままでいたら、敗れた敵はそこで身の安全を保って、再びいつ反乱をするかわからない。

全国統一と均一的な支配をするために、アジールを否定せねばならなかった。

信長が他の戦国大名と異なるのは、全国統一の視点を持っていたことだろう。恵林寺の焼き討ちもアジール否定の一環だった。

この政策は天下を握ろうとする豊臣秀吉や徳川家康も引き継いだ。統一政権は違法者・犯罪者が安全に身を隠す場所を残さないように努めたのである。

限られた縁切寺

江戸時代、女性が逃げ込んで一定期間を過ごせば離婚できた縁切寺《えんきりでら》（駆込寺《かけこみでら》、駆入寺《かけいりでら》）があったことはよく知られている。江戸時代の中期以降では、鎌倉松ヶ岡（神奈川県鎌倉市山ノ内）の東慶寺《とうけいじ》と、上州勢多郡徳川郷（群馬県太田市）の満徳寺《まんとくじ》が代表とされる。

東慶寺は松岡山《しょうこうざん》東慶総持禅寺といい、松岡《まつがおか》御所とも称された。開山は、鎌倉幕府の執権、北条時宗《ときむね》の妻覚山尼《かくざんに》、開基は北条貞時《さだとき》で、弘安《こうあん》8年（1285）開創とされる。寺伝では開創寺から縁切りの寺法を得て、徳川家康の孫娘の千姫《せんひめ》が豊臣秀頼の息女天秀尼《てんしゅうに》を養女としてこの寺に入れた時、家康が特別に許可を与えたという。

満徳寺は徳川氏の祖先といわれる新田氏と関係があり、創立年代は不明であるが、鎌倉時代に新田義重《にったよししげ》の一子義季《よしすえ》が開基となり、その娘の浄念尼《じょうねんに》が開山となった時宗一本寺の末寺である。千姫が秀頼と縁切りをするにあたって、身代わりに入寺した俊澄尼《しゅんちょうに》が中興開山とされる。「由緒書」によれば、当初は駆け入った女は一生をこの寺で尼として暮らさなければならなかった。しかし、千姫が大坂城から逃れてこの寺に入り、後に本多忠刻《ただとき》に再嫁した例にならって、一般の人の場合にも縁切寺の特権が再確認されたという。

縁切寺は特殊な寺と考えられがちだが、中世に広く見られたアジール性を持った寺の名残で、実際には江戸時代も各地に残った。ただし、女性の離婚だけが認められ、犯罪者が逃げ込んだわけではなかった。

4 法と裁判の整備

喧嘩両成敗

喧嘩《けんか》両成敗が史料として見られる実定法規は、五島列島（長崎県）の「青方文書《あおかた》」に含まれる応永《おうえい》21年（1414）の一揆契約状に書かれた「喧嘩闘諍《とうそう》いできたらん時は、親子に限るまじく候《そうろう》。両方二人を失い申すべく候」にまでさかのぼる。この条文は、「喧嘩が発生したら、親子に限らず加勢したり復讐したりして収拾が付かないだろうから、両当事者とも殺す」という意味である。

ここに見られるのは、自己の主張を実現するための暴力使用を、たとえ正当防衛であっても一切認めず、秩序を維持する思想である。これは裏を返せば、紛争の解決は公《おおやけ》の裁定によるべきだということになる。現に、青方一揆の上部組織である「宇久・有河・青方・多尾一族等」の一揆では、紛争を一揆構成員全体の合議にゆだね、その裁定に不服の者が実力行使に及んだ場合は、「縁者」であっても鎮圧に協力すべきことを定めている。

ほかにも、喧嘩両成敗を定めた法規は多い。

・喧嘩に及ぶ輩、理非を論ぜず、両方ともに死罪に行うべきなり。
『今川仮名目録《かなもくろく》』大永《だいえい》6年（1526）

・喧嘩・口論・闘諍《いさかい》の上、理非披露《ひろう》にあたわず、私に人の在所へ差しかくる事、たとい至極の道理たりというとも、差しかけ候方の越度《おっと》たるべし。
『塵芥集《じんかいしゅう》』天文《てんぶん》5年（1536）

・喧嘩のこと是非に及ばず成敗を加うべし、ただし取りかかると雖《いえど》も堪忍《かんにん》せしむる輩

> において は、罪科に処すべからず。然るに贔屓偏頗《ひいきへんぱ》をもって合力せしめば、理非を論ぜず同罪たるべし。
>
> 『甲州法度之次第《こうしゅうはっとのしだい》』天文16年（1547）

> ・喧嘩・闘諍・打擲《ちょうちゃく》・刃傷《にんじょう》・殺害の事。たとい父を討ち子を討つといえども、謹《つつし》みて堪忍《かんにん》せしめ、注進いたすべし。その科《とが》に従い早速御成敗を加えらるべし。しかれどもその儀に能わず、あるいは相当せしめ、あるいは兵具を帯び寄せ懸け、御法に背く族においては、かえってその身曲事《くせごと》たるべし。同じく合力停止せられおわんぬ。違背の族においては、合力の働き、浅い深いに随い相はからわるべき事。
>
> 『六角氏式目《ろっかくししきもく》』永禄《えいろく》10年（1567）

このように戦国大名は喧嘩両成敗を押し進めた。喧嘩をした者は双方とも、喧嘩の原因についての道理と非理を問うことなく、同等の処罰を受けるとの原則である。喧嘩とは私的な闘争で、相手の被害と同じ害を、罰として受けることになる。従って、仕掛けられても応戦しなければ、その人は処罰されなかった。

このように、裁決権を独占する公の場を自己の権力機構に吸収して、支配を強化したのが戦国大名だった。このため、彼らのもとで喧嘩両成敗法が広まった。

『塵芥集』に以下の表現がある。

人をきる咎《とが》の事、（役人へ）披露のうへ《上》、成敗を待つべきのところ、その儀に及ばず、わたくし《私》に切りかへしすべからず。かくのごとく《如》のともがら《輩》、たとひ至極の理運たりとも、法度をそむき候うへ《上》（は）、成敗を加ふべきなり。

人を斬った科《とが》については、役人へ披露した上で処罰を待つべきであるのに、そのような手続きをしないで私的に斬り返してはならない。そのようなことをした者は、たとえ極めて道理にかなっているとしても、法律に背いている以上、処罰をするという。ここに公の裁判権の確立と喧嘩両成敗法との関係が如実に示されている。

天下を統一した豊臣秀吉が両成敗法を採用したことで、喧嘩両成敗は「天下の大法」と呼ばれるようになった。喧嘩に対する権力側の意思は浸透し、この側面からも平和や安全が強化されていった。

敵討ちは正しいか

「自力救済《じりききゅうさい》」という言葉をご存じだろうか。一般的には権利を有する者がその権利を侵害された場合、法の定める手続きによらないで、自己の実力によって権利を回復・実現することである。司法制度が十分に整備されていなかった時代、侵害された権利の回復は、被害者自らの実力によらざるを得なかった。

喧嘩両成敗は、権力側が「自力救済権」を吸収しようとするところから出発する。その実行には権力側が、誰の目にも公平な形で裁判を実施する必要があった。

自力救済の代表的なものが、敵討《かたき》ちだった。

中世社会においては、生存権を含めた諸権利を自らの手で守るために力を行使し、実力で報復する私闘が広く存在した。損害を与えた者に対して被害者が報復をする場合、とりわけ相手が大きな力を持っていると、一人では実現しにくいので、血縁や職縁など横につながって行動を起こした。社会には親族集団、主従集団、職業集団など種々の集団が形成され、そのメンバーに対する攻撃は同じ集団に所属するメンバーによって復讐《ふくしゅう》行為がなされた。これもすべて敵討ちである。

一般には「親」に代表される限定された範囲の者の殺害に対して、子供などが命をもって償わせる〝血の復讐（血讐《けっしゅう》）〟が敵討ちと意識される。鎌倉時代のもっとも有名な敵討ちは、曾我《そが》兄弟《きょうだい》が父河津祐泰《かわづすけひろ》の仇《かたき》、工藤祐経《くどうすけつね》を討ったものである。

『結城氏新法度《ゆうきししんはっと》』には、「かりそめの喧嘩口論など何事であっても、縁者・親類を語らって、一緒になって徒党を企てる者たちについては、理非を論ぜずに咎《とが》めをなす」（意訳）とある。『塵芥集』も、「親子兄弟の敵たりとも、みだりに討つべからず。ただし件《くだん》の敵人、成敗終わって後、配領中へ徘徊《はいかい》の時、むて人走り合い、親の敵といい、子の敵といい、討つこと越度《おっと》有るべからざるなり」とする。

親兄弟という血のつながりの絆《きずな》は特別なものであった。言い換えるなら、血のつながりこそが当時の人々がもっとも信用できた関係だったのである。

復讐は止めどなく拡大する可能性があり、社会に混乱を及ぼす。統治する側としては、それを避けねばならない。鎌倉幕府も室町幕府も戦国大名も、敵討ちに代表される私的復讐を制限し、これを国家裁判権・公的な裁判制度の中に吸収しようと努力した。しかし、自力救済観念の克服はできなかった。

自力救済の中でもっとも否定しにくかった敵討ちを全面的に禁止したのは戦国大名だった。このことは「結城氏新法度」や「塵芥集」の敵討ちを禁止する文言に明らかである。しかし、すべての戦国大名が同じだったわけではない。

慶長《けいちょう》2年（1597）頃の『長宗我部元親百箇条《ちょうそかべもとちか》』は、親や兄の敵を子や弟が討つことを許し、目上の者のためという制限を付して、敵討ちを認めている。江戸幕府も制限付きで敵討ちを是認するという立場を取った。江戸時代初期に京都所司代板倉勝重《いたくらかつしげ》が制定した法令集『板倉氏新式目』には、「親の敵討ちは許すが、神社仏閣を避けるべきだ」との規定が見られる。

周防《すおう》岩国（山口県岩国市）の城主、吉川広家《きっかわひろいえ》が元和《げんな》3年（1617）に制定した『吉川氏法度』には、以下のようにある。

親の敵を討つ事、至極道理これあるにおいては、勿論《もちろん》討ち果たすべし。自分の遺恨《いこん》をもって親の敵と号し、不日《ふじつ》殺害せしめば、辻切り強盗の作法に相究め、同類共に死罪に行うべきの事。

自分の遺恨によって殺害するのは辻斬りや強盗と同じだが、「勿論」として親の敵を討つことを認める領主もあったのである。言い換えるなら、親の敵は自ら討たなければならなかった。大名に訴え出て、公の権力によって犯人を逮捕し、刑罰をしてもらう制度はなかったのである。

中世においては、基本的にその人物が属する身分や職業などによって、適用される法が異なっていた。有名な『貞永式目《じょうえいしきもく》（御成敗式目《ごせいばい》）』も、基本的には幕府の御家人にだけ通用する法で、それ以外の者には関係なかった。

荘園においては、本所法《ほんじょ》が生きていた。この法は11世紀中頃、荘園公領制が成立して、荘園を支配する権門独自の訴訟大系が生まれる中で、律令法から相対的に独立して成立したものである。本所領家による独自の裁判権が機能するようになったため、荘園ごとに法が異なることもあった。

このことは身分による法体系の差異にもつながる。商人たちは彼ら独自の法を持ち、職人たちはそれぞれの作法に縛られていた。一方で、百姓が住む村では村の慣習法が生きていた。

中世社会の特徴は、地域によって、身分によって法が分断されていたところにある。ところが、戦国大名は領国を身分や地域を越えて均一に支配していくことを目指した。このために権力の及ばないアジールも否定していったのである。となると、戦国大名の制定する法は領国の全域で、しかも身分に関係なく領国民全体を縛らねばならない。実際に戦国法はそのようになっていた。

法は、決めるだけでは機能しない。法を順守させるに足る警察権・武力を持たずして、守らせることは難しい。戦国大名の権力は武力によっているので、領域内において法に従わせることが可能であった。けれども、暴力のみでは公の権力としての体をなさないため、裁判制度を整えていった。

戦国大名は武士だけでなく、領国民全体の裁判を行う方向に向かった。その裁判方法はそれまでの社会で出来上がっていた習慣に基づきながら、戦国大名がその実行者の役割を負った。領民の誰にとっても納得のいく裁決を下すためには、公平性と公開性が大事だった。

この自力救済の否定はそのまま「人身売買の否定」や「平和領域の設定」とも深く結び付く。喧嘩を自力救済で処理するとなると、一家、一族、所属する団体、あるいは村や地域といった具合に、止めどなく広がっていく可能性がある。争いが大きくなっては、領民に平和を与えることもできなくなる。喧嘩両成敗はこうした限りなく広がる争いを未然に防ぐことにつながった。

自力救済の実行には、社会的に見て自分の方に正義があったとしても実力次第なので、実力を有しない被害者は加害者を倒すことができない。だからこそ、戦国大名が警察権を握り、裁判権を掌握して身分に関係なく公平に裁判をし、判決結果の行使を保証してくれるとすれば、社会慣行に従った正義の実現が可能になり、領民にとって望ましいことだった。戦国大名の喧嘩両成敗の主張は、領国民の側でも共感でき、受け入れられたのである。

しかし、一気に社会慣行が変化したわけではない。

元禄《げんろく》14年（1701）の江戸城内刃傷《にんじょう》事件で、幕府は浅野内匠頭《たくみのかみ》（長矩《ながのり》）だけを切腹・改易《かいえき》に処したが、世間は喧嘩両成敗の原則に反すると批判した。本来の両成敗法からすれば、応戦しなかった吉良上野介《きらこうづけのすけ》（義央《よしひさ》）は処罰されないのが当然である。浅野氏の家臣たちの敵討ち後、彼らが処罰されたのは、血の論理でもなく、幕府の喧嘩両成敗法にも抵触したからであった。幕府が法治を実行していくために、彼らの処罰はどうしても必要だったのである。ここに自力救済による敵討ちを否定する、近世社会の法意識が典型的に出ている。

第3章

神仏との深い結び付き

1　戦いの場での神仏

一緒に戦ってくれる存在

さまざまな戦争に従軍した人の中には、ＰＴＳＤ（心的外傷後ストレス障害）の診断を受け、日常生活ができない人がいることが報道されている。人を傷つけたり殺したりすることは、何時の世にも犯罪である。それなのに、戦争では多くの人を殺した者が賞賛される。一方は罪であり、一方は戦功であるが、人を傷つけ、殺すという行為は同じである。

私にとって戦国時代最大の謎は、同じ言葉をしゃべり、同じ文化を共有する日本人同士が殺し合った時、敵の首を取った側、殺した側には罪悪感がなかったのか、ということである。

海外の戦争事例などを見ていると、異なる宗教を持つ者たち、異なる民族間、異なる文化的伝統を持つ者などの戦いが激烈化し、皆殺しといった悲惨な結果に陥ることが多いように感じる。自分がよりどころとしている最高の価値観と敵対関係にある、異なる宗教や民族と戦うのだとの説明は、自分を納得させやすい。

ところが、戦国時代の日本では、そうした敵対条件が比較的明確ではない。同じ容貌、同じ日本語を話し、同じような物を食べ、同じように神仏を崇拝し、同じような価値観を持っているのに、互いに殺し合うのに精神的な苦痛はなかったのだろうか。

武田信玄《たけだしんげん》も上杉謙信《うえすぎけんしん》もともに仏教徒で、出家している。仏教においては殺生を禁止している。それなのに、仏教徒である多くの武将が、どうして他人の命を奪うことを正当化できたのか。神道での穢《けが》れは、死や血・悪い行いなどを指すので、当然殺生をしてはいけない。

多くの人が心の平安を得ようとしてすがるのが宗教だろう。殺し合いの時代、己の明日の命もわからないからこそ、戦国時代の人々は神仏にすがった。自分たちの力ではどうにもならないこと、原因と結果が合理的に説明できないことは、全て神仏が引き起こしているとの説明は、当時の人々にとって受け入れやすかったはずだ。災害でさえ神仏が起こしていると考えていたからである。

江戸時代に描かれた武田信玄の錦絵《にしきえ》などを見ると、頭には「諏訪法性の兜《すわほっしょうのかぶと》」と呼ばれる特異な兜をかぶり、太陽か星が描かれた軍配を握り、緋《ひ》の衣を着て袈裟《けさ》を身に着けている。しかも、背後には「風林火山」や「南無諏方《なむすわ》南宮法性上下大明神」「八幡大菩薩《はちまんだいぼさつ》」といった旗

JR 甲府駅前に建つ武田信玄像は諏訪法性の兜をかぶる

がなびく。このイメージに従って、ＪＲ甲府駅前の武田信玄像も諏訪法性の兜を着けている。

諏訪大明神は、神功皇后《じんぐうこうごう》の朝鮮攻撃や坂上田村麻呂《さかのうえのたむらまろ》の蝦夷《えぞ》攻撃などに際して、特別な加護をした武神として知られる。八幡大菩薩も神功皇后の朝鮮半島攻撃に特別な役割を果たしたとされる武神で、新羅三郎義光《しんらさぶろうよしみつ》（源《みなもとの》義光《よしみつ》）以来、武田家の守り神とされた。信玄は、特別な戦の神によって守られているという安心感を、さまざまな形で家臣たちに伝えていた。

下諏訪町立博物館が所蔵する諏訪法性兜は、諏訪上社《かみしゃ》（諏訪市）の神職の最高位である神《じん》長守矢《ちょうもりや》家に伝えられ、信玄が用いたという伝承を持つ。雲峰寺《うんぽうじ》（山梨県甲州市）には、信玄が諏訪法性の兜の頂きに置いたという親指大の諏訪明神像が伝わる。さらに恵林寺《えりんじ》（同）には、信玄愛用という日の丸と毘沙門天《びしゃもんてん》の梵字《ぼんじ》を施した軍配が伝わっている。このように、信玄は神や仏に守られて戦場に臨んでいたというのが、人々の一般的な理解だった。

上杉謙信も同様で、彼は信仰していた毘沙門天の「毘」の軍旗のもとで戦った。上杉神社（山形県米沢市）には、戦陣に携行したという厨子《ずし》入りの持仏（御掛守《おんかけまもり》）が伝わる。

信玄が川中島合戦に当たって、永禄《えいろく》元年（１５５８）８月に戸隠山中院（長野市）に宛てた願状には、「先に住居を信州に移そうと思って、信濃十二郡が自分の思う通りになるか占ったところ、必ず勝つと出たので、もし越後勢が動けば、先の占の吉文に任せ、敵はたちまちに滅亡し、自分が勝利を得ることは確実だ」（意訳）とある。自分が行っている戦争は神意に従っているのだから、背後にいる神が必ず守ってくれるはずだとの主張である。

翌年、信玄が松原神社（諏訪神社、南佐久郡小海町）に宛てた願状にも、「この度卜問《ぼくもん》の結果が最吉と出たので、甲州勢を信州奥郡《おくぐん》（更級・埴科・水内・高井の各郡）ならびに越後との境に引率する」「希《こいねが》わくは天鑑《てんかん》に従い、敵城悉《ことごと》く自落退散し、しかのみならず長尾景《ながおかげ》虎《とら》吾が軍にむかわば、すなわち敵兵敗北消滅せんことを」と記している。信玄は自分の後ろには神がおり、その加護があるのだから、戦えば謙信に勝てると主張する。神の加護を配下の軍勢に知らせ、精神的に守られているとの安心感を兵士に与えた上で、戦いに臨んだのである。

中世の人々にとって、元寇《げんこう》の神風のインパクトは大きく、「神々が敵国から日本を守ってくれた、従って日本は神に守られた神国」だと理解していた。戦国大名レベルでさえ、神仏が守ってくれると信じていた。

戦乱の中に置かれた戦国時代、神が一緒に戦ってくれるとの意識は、戦争に際して大変心強いものであった。戦場に臨む精神的不安を取り除いてくれたことだろう。

諏訪社の鳴動

中世の史料には、神仏の存在を意識して書かれているものが多い。

その一つ、諏訪上社祭礼の奉祀記録である『神使御頭之日記《おこうおんとうのにっき》』に、天文《てんぶん》9年（1540）11月8日の午後10時頃、上社の「宮おびただしく三度鳴り候」と記載されている。諏訪社の社殿が激しく大きな音で三度も鳴ったとは何とも不気味である。同じ日記によると、鳴動は翌天文10年にもあり、「3月下旬に上坊の裏にある立石が5日、6日と唸《うな》ったが、昔も諏訪一乱の時のようだった」とある。諏訪一乱とは、諏訪氏一族が滅びる可能性のあった文明の争乱を指す。

その当時、諏訪氏の惣領職に庶流家の系統がついていたこともあって、諏訪上社の現人神《あらひとかみ》たる大祝《おおほうり》職を独占していた系統が長期にわたって勢力を蓄え、惣領家と大祝家の争いが激化していた。文明《ぶんめい》15年（1483）正月、大祝一派はついに惣領一族を謀殺した。しかし、惣領家側の勢力が大きかったので、大祝たちは樋沢《ひざわ》城（茅野市）に立て籠もり、惣領方に城を攻められて、高遠（伊那市高遠町）へ退去した。大乱に乗じて、大祝に味方して挙兵した諏訪社下社《しもしゃ》の金刺《かなさし》一族も討ち取られた。翌文明16年、戦いは結局、惣領家側の勝利に終わり、大祝に殺された先の惣領の第二子が大祝に就任する。彼が後に諏訪郡を統一し、諏訪家中興の英主となる諏訪頼満《よりみつ》である。

諏訪社に関係して三度も鳴ったという社殿、立石の唸り、これは何を意味していたのであろうか。文明15年から翌年にかけての諏訪一乱の際、上坊裏の立石の唸りが諏訪氏滅亡の危機を告げたと推測される。

「諏訪一乱の時のようだ」と記された天文10年（1541）の諏訪社鳴動に関する記載は、『神使御頭之日記』の他の箇所に「七月御射山上増《みさやまかみまし》の夜原山《はらやま》ことごと敷なり候、頼重御《よりしげ》気にかけ神馬進ぜられ候」とある。7月の御射山の祭の夜に、諏訪明神が狩をする神聖な原野（神野《こうや》）と意識されていた原山（御射山社を中心とする諏訪郡富士見町・原村）がごとごとと音を立てて鳴ったので、惣領家当主の頼重が気にして神馬《じんめ》を奉納したというのである。

さらに8年後の天文18年（1549）に書かれた、諏訪上社の最上位の神職である神長《じんちょう》守矢頼真《もりやよりまさ》の書状にも、この記述がある。武田信虎《のぶとら》に協力するために諏訪頼重が海野《うんの》（東御市）へ出張した時、黒い馬を神長に与えたところ、その後原山が「事々敷鳴り候に付きて《ことごとしく》」、神長はその馬を祢宜《ねぎ》方に納めたと記されている。わずか8年後なので、記憶として間違いはないだろう。

奇しくも天文10年に鳴動があった翌年の7月、惣領であった諏訪頼重は武田信玄の攻撃によって桑原城《くわばら》（諏訪市）を開城、捕らえられて甲府で切腹し、諏訪惣領家の嫡流は滅んだ。

諏訪氏一族の故郷に広がる諏訪湖

天文 11 年（1542）、武田信玄に滅ぼされた諏訪氏総領家嫡流、諏訪頼重の墓

諏訪郡原村の原山には、御射山社を中心に諏訪明神が狩りをする神聖な荒野が広がる

天文9年と10年に、「宮がおびただしく三度鳴った音」「上坊の裏の立石の唸り」は、諏訪氏滅亡への警戒を伝える音だった。諏訪社に関係して生じた音は「鳴動」と呼ばれ、諏訪氏の本拠地の落城、そして一族の滅亡が近いとの知らせだった可能性が高い。

諏訪氏は諏訪上社の生き神である大祝を出し、同時に諏訪明神を祭る中心になる家なので、諏訪明神もしくは諏訪氏の祖先からの知らせだったともいえる。その上、鳴動したのが立石だったのは、石に神もしくは祖霊がよっていると理解されていた。

ちなみに、史料からはこれ以降、諏訪社の鳴動が確認されず、近世に書かれた『諏訪かのこ』などの地誌類にも関係記載がまったくない。諏訪社が諏訪氏の危機に鳴動して知らせるとの信仰は、諏訪氏の嫡流が絶えてしまった中世末に終わった可能性が高い。

一族滅亡の前に

諏訪氏を滅ぼした武田氏も、天正《てんしょう》10年（1582）に織田信長《おだのぶなが》の攻撃を受けて、勝頼《かつより》やその嫡男などが死亡して滅びた。江戸時代の『甲州巡見通行記』によれば、天正9年に窪八幡《くぼはちまん》神社（山梨市）で「社地鳴動して、北の一本根より倒れ」たという。窪八幡神社側ではこれを、武田氏滅亡の時、窪八幡が領していた三千石余の社領を織田信長が奪取した前触れだと言い伝えている。この記録は、将軍の代替わりごとに各地に派遣された政情・民情を視察す

郵便はがき

料金受取人払郵便

長野中央局
承認

9432

差出有効期限
2021年9月30
日まで

切手不要

380-8790

044

長野市南県町六五七

信濃毎日新聞社

出版部 行

あなたの
お名まえ

男・女

〒

TEL＿＿＿（　　）＿＿＿＿＿

ご住所

学校名学年
または職業

年齢　　　歳

ご購読の新聞・雑誌名（　　　　　　　　　　　　　　）

る巡見使《じゅんけんし》が、寛政《かんせい》6年（1794）に甲斐を通行した際に書かれた。

窪八幡神社が慶応《けいおう》4年（1868）に提出した由緒書によれば、同社は甲斐《かい》国惣鎮守《そうちんじゅ》ともされ、欽明《きんめい》天皇20年（558）に物部尾輿《もののべのおこし》に勅命があり、河内国志紀《しき》郡にある誉田別命《ほんだわけのみこと》（応神《おうじん》天皇）廟《びょう》の石を祭ったのに始まる。その後、康平《こうへい》5年（1062）に甲斐源氏の祖の新羅《しんら》三郎義光《よしみつ》が奥州の夷族退治の祈誓を込め、翌康平6年に社を再建した。この神社は甲斐源氏の武田氏にとって、祖先が関わり、天皇家の祖霊信仰ともつながる特別な神社だった。

神社本殿の後ろにある神木の八本杉には、康平5年に新羅三郎義光が祈願して植えた伝承がある。神木は正月の門松や神社の榊《さかき》などと同様、神のより来る目印となる木である。武田という名字は、義光三男の義清《よしきよ》が常陸《ひたち》武田郷（茨城県ひたちなか市）に城を構えて称したのが始まりとされる。義光手植えの杉となれば、武田氏にとって祖霊のシンボルである。この由緒ある木が武田氏の滅亡の前に倒れたという。窪八幡神社での社地鳴動の具体的な模様などは伝わらないが、大地が振動して大きな音があったと思われる。由緒ある神社の社地が鳴動し、先祖が植えた神木の大杉が倒れたことに、当時の人々はただごとでない感情を抱いたはずである。

窪八幡神社の各社殿は、室町時代に武田信満《のぶみつ》、信虎《のぶとら》、信玄などによって改築・修理がなされた。先の伝承では鳴動の理由を、この翌年に武田氏が滅亡して窪八幡の社領が取り上げられる前触れとしている。諏訪社の事例を元にすると、本来は武田氏の滅亡に重きを置いて鳴動した可能性が高い。もしそうならば、武田氏と特別な関係を持つ神社で、武田氏の滅亡を知らせる鳴動があったことになる。諏訪氏の滅亡の前年に諏訪上社で鳴動が聞こえたのと同様、武田氏が滅亡する前年、武田氏と密接な関係にあった窪八幡でも鳴動が起きたのである。

代表的な戦国大名に、駿府《すんぷ》（静岡市）に居館を置いた今川家がある。『駿河志料《するがしりょう》』による と静岡市のシンボルともいえる浅間社《せんげん》に次のような伝説がある。

永禄11年（1568）12月17日、志豆機山《しずはたやま》（賤機山《しずはた》、静岡市）が鳴動した。流れる光が東西に満ち満ちたため、何事が起こる知らせだろうと人々は怪しんでいたところ、今川氏真《うじざね》の外舅である武田信玄が侵攻し、府中に乱入した甲州勢の放火により浅間の宮（静岡市）、臨《りん》済寺《ざいじ》（同）まで焼き払われた。今川氏が駿河を追い出される直前、浅間神社のある賤機山が鳴動した。

光は、神仏からの知らせの最たるものである。賤機山城は応永《おうえい》18年（1411）に今川範《のり》政《まさ》が駿府に居館を構えた際、詰めの城として築いたとされ、今川氏にとって特別な山だった。この時の鳴動などは今川氏の危機を伝えたと解することができる。

甲斐国の総鎮守とされた窪八幡神社（山梨市）。
武田氏が滅亡した天正10年（1582）の前年、
ここが社地鳴動し、武田氏祖霊のシンボルで
あった神木が倒れたという

戦国大名として武田氏より少し早く、天正元年（1573）に滅亡した越前《えちぜん》の朝倉《あさくら》氏の始祖に関係して、鳴動する墓の伝説が福井県福井市の一乗谷《いちじょうだに》に存在する。青山作太郎の『一乗谷　朝倉史跡・伝説』には、次のような「お印塔《いんとう》の鳴動」が収録されている。

館跡東南方の杉林の中に、敏景《としかげ》公の墓があって宝篋《ほうきょう》印塔である。一名英林《えいりん》塚、お印塔といわれている。朝倉氏落城に際し兵火を免れた唯一の墓である。この墓は、国に異変が起こるごとに鳴動し、国難を知らすといわれ、また相輪《そうりん》（塔の最上層）が、空中に飛び上るともいわれている。

この伝説は寛保《かんぽう》3年（1743）、村田氏春《うじはる》によってまとめられた『越藩拾遺録《えっぱんしゅういろく》』の中に、「朝倉敏景の墓は小さな五輪塔で、杉の林の中にあり、俗説では国に大吉凶がある時、この墓が鳴動することがあると言い伝えられている」（意訳）と記載されている。朝倉氏滅亡から200年少し経ってからの記録だが、江戸幕府の巡国使が古例としてここまで登っていることもあり、幕府ができるより前の戦国時代からの伝承ではないだろうか。

墓の主である朝倉敏景（孝景《たかかげ》）は、越前守護斯波《しば》氏の内紛に際して守護代の甲斐氏と結んで斯波義廉《よしかど》を擁し、応仁《おうにん》の乱では当初は義廉のいる西軍、後に東軍に転じた。文明3年（1471）に越前の守護となり、甲斐氏の勢力を駆逐して、一乗谷で越前の支配を固めた人物である。

現在、彼の墓（五輪塔）は館より東南に当たる高台の杉林中にあり、その墓が国に大きな吉凶がある時に鳴動するという。異変の対象は国だが、越前一国支配を始めた敏景にとって、朝倉氏の滅亡は国の異変と直結するので、本来この墓が朝倉氏の吉凶を伝えるとの信仰があったのであろう。注目されるのは、墓が杉の林の中に所在することで、窪八幡神社の八本杉ともつながってくる。

木内重暁《しげあき》（石亭《せきてい》）によって安永《あんえい》2年（1773）から8年に編纂された『雲根志《うんこんし》』によれば、朝倉義景《よしかげ》の石塔の五輪は毎年10月1日に自然と動きだし、一丈（約3メートル）ばかり空中へ飛び上がるという。一乗谷が織田信長軍によって攻撃されたのは天正元年（1573）8月18日で、20日に義景が自刃して有力戦国大名の朝倉氏は滅亡した。なぜ『雲根志』が10月1日としたのかは不明だが、地元の伝説が命日に丸い岩が上へ舞い上がって落ちるとするのは、義景の怨念ゆえに墓石が動くのだと解されたからであろう。

『越前若狭の伝説』によると、地元には現在も「朝倉義景の墓のそばに亀形の岩が五つばかりあり、その上に丸い岩が乗っている。毎年義景の命日に限り、丸い岩が上へ舞い上がって、下の岩の上へ落ちる。その音はまるで雷のごとく物すごい。村の人はその音を聞くと、今日は義景さんの命日だという。丸い岩は義景の魂だそうである」という伝説が残る。

五輪塔は最も上の部分で空輪と風輪がつながり、全体としては丸い。朝倉敏影の英林塚では相輪が空中に飛び上がるというが、この相輪の最上部の宝珠と請花《うけばな》は、形が五輪塔の空輪風輪に似ている。伝説ではあるが、朝倉氏においても始祖が子孫を守ってくれるとの意識が確実に存在した。

戦国の世を統一をしたのが豊臣秀吉である。慶長《けいちょう》4年（1599）の春、豊臣氏の危機に当たって彼の墓が鳴動したことが、江戸時代前期に林鵞峯《はやしがほう》が編集した『本朝通鑑《ほんちょうつがん》』に記されている。豊臣氏の始祖である秀吉の墓が鳴動することは、当時世間に知られていた。

秀吉は慶長3年（1598）に亡くなると、阿弥陀《あみだ》ヶ峰（京都市東山区）に葬られ、翌年、この峰の山頂に彼を祭る豊国廟《とよくにびょう》が建立された。その西麓には後の方広寺《ほうこうじ》の鎮守という名目で豊国神社が設けられ、豊臣秀吉へ豊国大明神の神号が与えられた。

秀吉には自ら豊臣家の守護神となる意図があり、秀頼《ひでより》も父の意志を継いで神社などを造営

一乗谷（福井市）に残る朝倉義景の五輪塔。
英林塚と呼ばれる

豊臣秀吉を祭る豊国神社と方広寺
（いずれも「東山名所図屏風」（長野県立歴史館所蔵）より）

したのであろう。墓はあの世を象徴する名称の阿弥陀ヶ峰に設けられたので、山そのものに秀吉の霊が込められたことになる。彼の墓が鳴動したとなれば、一族は霊が危険を知らせていると理解しただろう。実際、鳴動があった翌年の慶長5年、関ヶ原合戦で豊臣方が敗れ、以後、豊臣家は斜陽に向かうことになった。

先祖は、生きている人間と神仏との中間に位置し、子孫を守ってくれると認識されていた。一族が滅亡する前に鳴る音は、向こうの世界からの信号であった。

秀吉の墓の鳴動は、子孫を守ろうとする先祖が墓を鳴動させて危険を知らせてくれる事例としては最後の方に位置する。なお、秀吉の子孫を守ろうとする意識は徳川家康によっても踏襲され、彼は東照大権現となって徳川氏を守る役割を負った。

夢のお告げ

戦国時代の人々は、夢にも神仏の意思を感じていた。

『甲陽軍鑑《こうようぐんかん》』には、夢に関するエピソードがいくつかある。

一つは、前述した天文11年（1542）、大門峠に逗留していた武田軍配下の略奪に関してである。逗留のある夜、武田軍の3人の侍大将が、諏訪の明神からの使いがこの地で武田の軍勢が乱取りをしてはいけないと告げる夢を見た。3人が同じ夢を見るのは尋常ではないと、明朝「乱取りをするな」と軍全体に命令が下った。『甲陽軍鑑』には、功の入った分別《ふんべつ》ある者は「虚夢実夢とて、夢にこそあたる事あれ。大唐にても夢あたりたる証拠もあり。日本は一入《ひとしお》夢を用たり。殊更《ことさら》、神国にてこれあるに、諏訪明神の御告《おつげ》の夢は、屋形様の御ためよし」と言い、無分別の者は「老若上下共に、物のはかなきは、夢とこそ申せ、たわ（戯）言なり」と主張したとある。

結局、諏訪明神の夢によって乱取りを禁止し、兵士たちが乱取りに行かず残っていたため、信州勢の攻撃を退けることができた。その後の戦いは圧倒的武田軍の勝利に終わり、信玄はその年の三度の合戦全てに勝った。「誠に諏訪大明神の、御恵か」と敵の国にも風聞があったという。功の入った分別者は肯定的に捉え、無分別の後先わきまえぬ者はたわごとだと主張し、夢に対する評価は大きく分かれた。『甲陽軍鑑』は結果的に夢が神のお告げで、真実だったと結論づけている。

『甲陽軍鑑』にはもう一つ、次のような記載がある。

甲州郡内で僧侶から還俗《げんぞく》した安左衛門《やすざえもん》は、信玄の没後、跡目を継いだ勝頼の武運長久を祈るため、諏訪に6月1日から8月末まで毎日参籠した。彼は日籠もりして71日目に「夢想《むそう》」を得て、「諏訪明神　たゆ《(絶)》る武田の　子と生れ　世をつぎ《(継)》てこそ　家をうしな《(失)》へ」という歌を詠んだ。夢想の歌は、諏訪明神の血筋を引く勝頼が武田氏の子として生まれたが、彼が信玄の跡目を継げば武田の家は失われるとの内容である。勝頼は、信玄を父に諏訪頼重の娘を母として生まれ、武田家相続をする前に「諏訪四郎勝頼」と名乗っていた。諏訪氏は諏訪上社の大祝につながる家なので、彼が諏訪信仰の中心者となる可能性があった。従って安左衛門が籠もった諏訪は諏訪上社だろう。

実際、勝頼の代に武田家が滅亡したので、『甲陽軍鑑』は夢想が真実を伝えたと理解していた。武田家と極めて関係の深かった諏訪明神は、武田氏の運命などを知らせてくれると信じられていたのであろう。特に勝頼の跡目相続の場合、安左衛門が出家帰りで、宗教者と一般の人の中間に立ち、なおかつ諏訪に籠もって得た夢想だけに、信じられたと思われる。

『甲陽軍鑑』には他にも、伊豆《いず》一国を治めていた北条早雲《ほうじょうそううん》が、絶えて久しい北条の名跡を継ごうと三島の明神（静岡県三島市）へ願を立て、「大杉の二本有しを、鼠一ツ出て、食折たり、其後、彼鼠猪に成てある」との夢を見たとの記述もある。この夢は『北条記』『北条五代記』などにも書かれた有名な話で、実際に北条早雲とその後裔《こうえい》は、夢で2本の大杉に喩《たと》えられた両上杉氏（関東管領の家柄だった山内上杉氏と扇谷《おうぎがやつ》上杉氏）を倒し、戦国大名になった。

神仏などが夢の中に現れて、諭し告げることを「夢の諭《さと》し」あるいは「夢のお告げ」などという。

これは古代にも記載があり、『古事記』によれば、崇神《すじん》天皇は疫病で多くの人民が死んだのを嘆いて「神牀《かむどこ》に坐《ま》しし夜」、大物主大神《おおものぬしのおおかみ》が夢に現れて、神を祭るように告げたので従ったという。『日本書紀』でも、神武天皇が戦いの前夜、自ら「祈《うけ》ひて寝」ると、夢に天神が現れて対応策を教えてくれたとある。崇神天皇は子供二人のうちどちらを世継ぎにするか、両者が見た夢を占って決めることにしたので、皇子たちが「浄沐《じょうもく》して祈みて寝」、夢を見たとする。

また、平安時代に長谷《はせ》寺・石山《いしやま》寺・清水《きよみず》寺・賀茂《かも》神社・春日《かすが》大社などに参籠するのは、神仏からの霊夢（夢告・夢想）を授かろうとしたためだった。『かげろふ日記』によれば、藤原道綱《みちつな》母は康保《こうほう》5年（968）、故村上天皇の一周忌で喪服を脱ぎに退出した時、「夢にものしくみえし」ため、屋敷よりやや離れたところに引き上げた。彼女にはしばしば「ゆめのさとし」（夢兆・夢想）があったので、「ちがふるわざもがな」と災いを避ける手段を考えていた。

『御伽草子《おとぎぞうし》』の「さいき」は、豊前《ぶぜん》国の佐伯《さえき》という人が一族に所領を取られた訴訟を京都で起こしたが、それが捗《はかど》らないために清水寺に行って17日間籠もり、御夢想に従おうと思い立ったところから始まる。

古代・中世の人にとって夢の知らせは、大きな意味を持っていた。夢は一定の手続きを取って見るのが古代以来の伝統でもある。夢が神の知らせであるとの理解は中世には広く存在しており、それを前提に夢を買う習慣も存在したようで、『甲陽軍鑑』には次の記載がある。

天文9年（1540）、武田信玄の信濃侵攻の際、海尻城《うみじりじょう》（南佐久郡南牧村）に詰めていた武田家臣の日向《ひなた》大和（是吉《これよし》）と長坂長閑《ちょうかん》（光堅《みつかた》）は、土地の侍衆がことごとく敵になったため、城を枕に討ち死にすると主張した小山田備中守《びっちゅうのかみ》を残して甲州に帰った。この時、長閑は大和と対決して負け、改易《かいえき》されたが、その後、武田信繁《のぶしげ》（典厩）のとりなしで大和と仲直りした。翌天文10年、長閑は大和が正月2日の夜に見た夢を買ったところ、その年2月の戦争で諏訪の蓮芳《れんぽう》（高遠の諏訪頼継の弟）の首を取ることができた。信繁がとりなして再び信玄に出仕できることになり、信玄は「夢を買程に思ひ入て、帰参を心かけたれは、典厩手にて、れんほ（蓮芳）を討たる」と述べた。

この逸話で注目されるのは、彼が買った日向大和の正月2日の夢が当たり、敵の首を取って再び信玄に仕えた点である。正月2日の夢は初夢だとの意識があった可能性がある。

『宇治拾遺《うじしゅうい》物語』の「夢買人事」では、夢を売った人について、「夢とることは、げにかしこきことなり。かの夢とられたりし備中守の子は、司もなきものにて止みにけり。夢をとられざらましかば、大臣までも成なまし。されば、夢を人に聞かすまじきなりと」と評している。他人の夢を取ることは、大変賢いことで、夢を取られた側は役目も持たないで終わりになった。もし夢を取られなければ大臣にまでなっただろうから、夢を人に聞かせてはならないという。

『曽我物語』は、北条政子が妹の見た夢を聞き、頼朝の跡継ぎが四海を治める大変めでたい内容だと思ったので、「この夢をいいおどして、かいと」ったとする。政子は、夢を手に入れるため、相手を脅して買い取ったのである。

太田南畝《なんぽ》の『半日閑話《はんにちかんわ》』によれば、徳川家康が生まれた翌年、父の広忠《ひろただ》は夢で「神々は永きうき世を守る哉」という連歌を感得した。広忠は「めくりはひろき園の竹千代」と続け、家康の将来を示した。家康が浜松在城の頃、天野三平の下女が正月の初夢で富士山の頂上で笠をかぶり簑《みの》を着て粥《かゆ》を食った夢を見たのを三平がもらい受け自分の夢として語ると、家康は知行五十石で、さらにその夢を買い求めたという。家康は「富士山の嶺で笠を着るのは上を見ぬ人、簑を着たのは美濃を手に入れる前兆、粥を食うは甲斐の信玄が滅びる」と解いたのである。

『甲陽軍鑑』は夢買いには否定的な立場に立っていた。「ざれ事ながら」と断り「信用されていなかったのがたまたま当たった」としている。

甲州西郡《にしごおり》十日市場（山梨県南アルプス市）に、徳厳《とくごん》という半俗の者がいた。彼は甲州市川の文殊《もんじゅ》（表門神社《うわとじんじゃ》、山梨県西八代郡市川三郷町）へ籠もり、夢想相伝、つまり夢で文殊から八卦《はっけ》を受け継いだとして占いをした。長坂長閑は徳厳を崇敬して、信玄が重用していた判の兵庫という易者（陰陽師）にあてがわれていた百貫の知行を、彼に渡すようにすると約束した。

ある夜、信玄の機嫌がよかったので、長閑が徳厳を紹介した。信玄が「占いは足利（栃木県足利市）で伝授したものか」と尋ね、長閑は「市川の文殊へ籠もり、夢想相伝であります」と答えると、信玄は次のように言ったという。

夢は定めなきものである。麁相《そそう》である喩《たとえ》に人に逢ても早く別る場合、夢ほど逢たという。だから、難しい学問を目にも見えぬ文殊の夢で相伝したというのは皆偽りである。偽りを言う盗人に将たる者は対面しない。そのような者は心が汚いので、当座は奇特（褒めるに値するようなこと）があっても貪る欲心が深く、金銀を与えると悪いこともよいことだといい、引き出物を与えなければよいことも悪いことだというものである。これは放下《ほうか》（大道芸）の如くなので、神変や奇特もさぞあるだろう。そうでなければ愚人であっても何で用いることがあろうか。放下は矢の篦《へら》を二丈も三丈も継ぎ、その上に茶碗を置いて自分の鼻の先に乗せて、くるくる回しても茶碗が落ちないようにする。これは何の用にも立たぬので放下と名付けられた。文殊に夢想して相伝した八卦というのは、この放下の一類である。（意訳）

信玄は夢想相伝したという八卦を退けた。徳厳の文殊へ籠もって夢想で八卦を相伝したとの主張は、郡内の安左衛門が諏訪に籠もって「勝頼が武田家を相続することで武田家は滅亡する」という夢を見たのに対応する。徳厳も安左衛門も半俗の者で、諏訪社あるいは市川の文殊に籠もって夢想を見、一方は武田の滅亡を、一方は八卦の相伝を知らされたのである。ところが武田家滅亡は真実とされ、八卦相伝は退けられた。

信玄は戦争に行く度に八卦を行い、若い頃には占いなどを重用していたが、次第にこれを政治的な道具に変えていった。信仰・宗教的な要素を政治の手段化したことは、自らが神仏を信用しなくなったためだろう。信玄の思想は社会に規定されており、社会全体が信仰から離れていく傾向にあった。戦国時代は、八卦を信じる世界がある一方で、夢想相伝に否定的な雰囲気が醸成されつつあったといえる。

2　誓いの場

神仏の意思を聞く

人々が神仏と深く結び付いていた中世までの社会的な風潮と、その変化の事例をもう少し挙げてみたい。

人と人とが約束を取り交わす時、神仏を仲立ちとし、その約束に偽りがあれば神仏の罰を受けると誓うことは、中世では当たり前のことであった。誓いはもともと神仏と人の間でなされたが、それが人と人の誓いの確認へと進んだ。神仏が人間同士の約束を見届けてくれ、どちらかが誓いを破った場合に神罰が与えられるとなれば、その約束は確実に守られるからである。

そうした誓いを書いた文書を、起請文《きしょうもん》と呼んだ。誓約内容を記した前書と、もし誓約に背けば神仏の罰を受けるという自己呪詛《じゅそ》の文言を記した神文・罰文とからなる。

中世の裁判においては、刑事事件の被疑者が自己の無実を証明するため、あるいは民事事

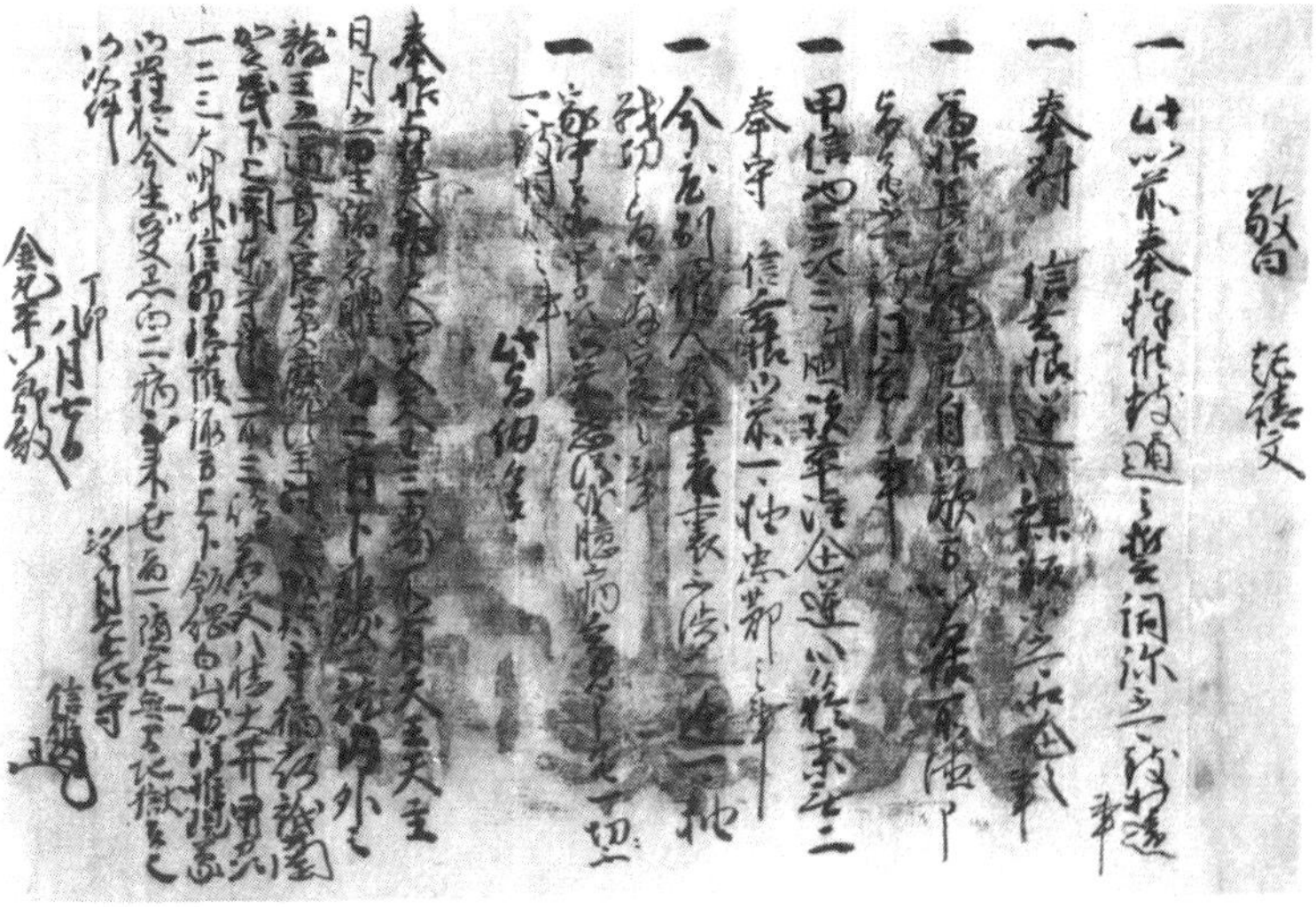

生島足島神社（上田市）に残る起請文（同神社蔵）

件の当事者が自己の主張の真実を証明するため、起請文を書いて一定期間神社に参籠《さんろう》した。その間、起請人の身辺に特定の神の怒りとなる現象が生じない場合、宣誓の真実が証明された。神の怒りの現象とは宣誓を破ったと認められる現象のことで、「起請の失《しつ》」と呼ばれた。

鎌倉幕府が文暦《ぶんりゃく》2年（1235）閏6月に出した「御成敗式目《ごせいばいしきもく》」の追加法には、起請の失として以下のことが挙げられている。

鼻血が出ること。
起請文を書いてから後に病気になること。
鳶《とび》や烏《からす》の尿を掛けられること。
鼠のために衣装を食われること。
体から出血すること。
喪に服すべき親族が死亡すること。
参籠《さんろう》起請者の父または子供が罪科を犯すこと。
飲食の時にむせぶこと。
乗用の馬が倒れること。

追加法では、起請文を書いてから7日間、これらの起請の失がなければもう7日間延ばして、社頭に参籠し、もし14日間こうした異変がなければ問題はないとされた。

起請の失は参籠起請によるものだが、この他にも中世には神意を前提とする裁判が行われていた。「落書起請《らくしょきしょう》」「湯起請《ゆぎしょう》」「鉄火起請《てっかきしょう》」などである。

落書は、犯人不明の犯罪の時に無記名投票で犯人を探す方法である。戦国大名は落書を匿名の訴えとして禁止したが、現実の場においては広く行われた。湯起請、鉄火起請は、熱湯の中の石や焼けた鉄棒を握らせるもので、犯罪や境相論で当事者の主張が相反した時に行われた。いずれも、手続きの最初の段階でまず起請文を書かせられ、その後に参籠したり、落書をしたり、鉄火をつかんだりが行われた。

ポルトガル人のロドリゲスの著した『日本文典』(1604〜8年に刊行)は次のように説明する。

日本人は迷信として、熱湯と火とを使う別種の誓約を持っている。その一つを〝湯起請〟といい、熱湯の入った釜を使う。それは最も沸騰している時にその中へ一つの石を投げ入れるのであって、誓いを立てて一方の手を釜の底まで入れて石を取り上げるのであるが、若し火傷《やけど》をしなければ、罪はないという。しかし、普通には悪魔の法によらない限り、罪のないものも罪有るものと等しく火傷を受ける。（意訳）

ロドリゲスは「この誓約法は疑わしい事件について真実の事がわからない時に行われるものである」としており、外国人に知られるくらい、こうした裁判の方法は一般的だった。

前関白九条政基《まさもと》が記した日記である『政基公旅引付《こうたびひきつけ》』の文亀《ぶんき》4年（1504）正月11日の条によれば、「黄昏《たそがれ》の頃、御厨子所《みずしどころ》において入山田村（大阪府泉佐野市）の職事《しきじ》源五郎の腰刀が失われたので、政基は信濃小路長盛《しなのこうじながもり》を召し寄せ、各々の被官以下その時分に来ていた地下人等をことごとく滝宮《たきのみや》に集め、湯起請を命じた」（意訳）とある。ところが、夜に入って長盛がやってきて「盗んだ者が来て、既に腰刀を返した」と知らせたため、湯起請は実行されなかったという。

しかし、日常の裁判に湯起請は用いられており、戦国武将たちも鉄火を握る裁判を行っていた。

『甲陽軍鑑《こうようぐんかん》』では永禄《えんろく》4年（1561）、武田信玄の嫡男義信の家臣、増城源八郎《ますじろげんぱちろう》は、川中島合戦で自らが敵に背を見せながら、傍輩《ぼうはい》の古屋惣次郎《そうじろう》が臆病をしたと訴え出て、両人が鉄火を取って判決することになった。しかし信玄が「旗本の侍に直接鉄火を取らせるのは、下輩と同じやり方だから、両方の代わりの者を出して鉄火を取らせよ」と命じ、増城の被官が負けたため、増城は鎮目《しずめ》（山梨県笛吹市）で逆さ磔《はりつけ》にされた。この記事が事実とは限らないが、当時鉄火を握っての裁判が広くなされていたことは疑いない。

『信長公記《しんちょうこうき》』にも火起請の記述がある。尾張《おわり》国海東郡大屋の甚兵衛という庄屋の留守宅に、隣村の左介が夜討ちに入った。甚兵衛の女房は左介にしがみつき、刀の鞘《さや》を取り上げ、このことを清洲に伝えた。左介は火起請を取り損なったが、左介が仕える池田勝三郎は織田信長の乳弟だったこともあって成敗されなかった。鷹狩りの帰りに立ち寄った信長がこの火起請のことを聞き及び、「どれだけ鉄を赤くして取らせたのか。元の様に鉄を焼いたのを見る」と言って熱した鉄を見た。信長は「自分が火起請を無事に取ったならば、左介を成敗するので、そのことを心得ている様に」と指図し、焼いた鉄斧の先を手の上に載せて、三足運んでから棚に置いた。信長は「これを見たか」と左介の誅戮《ちゅうりく》を命じたという。

『玉露叢《ぎょくろそう》』によれば、慶長《けいちょう》19年（1614）3月に駿府《すんぷ》熊野の森（静岡県静岡市）で行われた兄を害したか否かの裁判で、彦坂九兵衛（光正）を奉行にして火起請がなされた記録もある。このように、神に誓う裁判の方法は近世初頭まで、広く行われていた。

室町幕府第四代将軍の足利義持《よしもち》の継嗣義量《よしかず》は17歳で将軍になったが、2年足らずで死んだ。その後、将軍がいないまま、将軍代行として執政していた義持は応永《おうえい》35年（1428）、後継者を決めないままに亡くなり、重臣たちは跡継ぎをめぐって大揉めに揉めた。結局、源氏の氏神として足利氏の崇敬を集めていた三条八幡宮（京都市）の神前で、後継者選出のくじ取りが行われ、義持と同母の弟で、出家していた義円《ぎえん》（義教《よしのり》）に当たった。実に将軍までがくじで決められる世だったのである。

『甲陽軍鑑』に出てくるくじ取りを見てみよう。

天文《てんぶん》9年（1540）正月、板垣信方の知略によって海尻城（南佐久郡南牧村）が落ちた際も、その本城に誰を置くかも、4人でくじ取りをして小山田備中守（虎満の父）に決められた。天文11年閏3月に武田信玄が甲州との境にある信州平沢（同）に向けて軍を動かした時は、3人がくじ取りをして先駆けする者を選んだ。関東の上杉衆が甲州衆を攻撃した天文15年（1546）9月、患っていた信玄に代わり、武田信繁《のぶしげ》か穴山信友《あなやまのぶとも》かどちらかが、くじ取りによって笛吹峠（碓氷《うすい》峠）に出立すべきだと、家老衆たちが論議した。

信玄が出家する前、父親を駿府に追放したことに触れて「自分は家老3人の志を受け、とくに甘利備前守（虎泰《とらやす》）の工夫に従って、八幡大菩薩と御旗楯無《みはたたてなし》（武田家の宝物で日の丸の旗と楯無《たてなし》の鎧《よろい》）の前でくじを取った結果に従って、父に逆心の企てをした」とも語っている。永禄12年（1569）に北条と武田が競り合った時も、信玄は侍大将をくじ取りで命じた。翌年、織田信長から贈られた甲《かぶと》でさえ、信玄は側近衆にくじ取りで与えている。

これらはほんの一部分で、『甲陽軍鑑』には実に多くのくじ取りが出ている。くじ取りが、さまざまなことを決定する手段として、公的な場でも私的な場でも広く用いられていた。

『勝山記《かつやまき》』には天文8年（1539）、富士山の導者が下吉田にやってきたので、法花堂（法華堂）に泊まる人はくじを取って決めたとある。弘治《こうじ》2年（1556）に新田争いがあった甲斐《かい》の西花輪《にしはなわ》（山梨県中央市）の八幡宮は、永禄5年（1562）に武田氏からくじで落着するようにと命じられ、結局、神主が神田と書いたみくじ紙を取ったため、八幡宮の勝ちと決まった。

さまざまなことをくじで決めたのは武田氏だけではない。

天文19年（1550）に室町幕府第十二代将軍足利義晴が没し、遺物の太刀を禁中に奉った後、代替わりの参賀の際に家臣たちの間に起きた争論が決着できず、くじ取りで定めたという記録が残る。奈良興福寺の塔頭《たっちゅう》で書き継がれた『多聞院日記《たもんいんにっき》』の天正《てんしょう》10年（1582）

の条には、筒井氏に奉公している河内の市田という人が親類の息子を養子にして名字を継がそうとしたが、本人は寺僧になりたいと主張するので神判としてくじを引いた。すると、養子になるべきではないと出たのでそのままになったとある。

以上見てきたような裁判の方法は、超自然的な存在である神に判断をゆだねる裁判形態で、神裁判あるいは神裁《しんさい》とも呼ばれるものである。

日本の法制史を大きく前進させた法学者の中田薫は、古代インドに行われた事例などから、以下の8種類を挙げている。

火神判＝鉄火　灼熱《しゃくねつ》した鉄を握らせる
水神判＝水底に没して一定時間耐えさせる
秤神判＝体重を二度計量して前後を比較する
毒神判＝毒を食させ、または毒蛇にかませる
神水神判＝神水をのませる
嚼米《そまい》神判＝神饌米をかませる

沸油《ふつゆ》神判＝沸かした油の中から貨幣をとらせる
抽籤《ちゅうせん》神判＝黒白二つのくじをひかせる

日本においては、中田が整理した8種のうち、火・神水・沸油・抽籤の4種によく似た方法が古代から近世初頭にかけて行われた。火神判は「鉄火」(灼熱した鉄棒を握らせる)、神水神判は「神水起請」、沸油神判は「盟神探湯《くかたち》」「湯起請」(熱湯の中の石をとらせる)が類似のものである。また、抽籤神判に当たるくじ取りも行われた。

湯起請や鉄火は、犯罪の解明ばかりでなく、境界論争の際など双方の主張が対立して収めがたい時などに採用された。史料に見える日本の神判は、盟神探湯、参籠起請などを除くとほとんど室町時代、15世紀以降のものである。この点については、古代以来、在地で行われていた習慣がこの頃、文献に記録されるようになったとする説と、この時期の社会的要請から神判が復活したものであるとする説がある。おそらく戦国大名が裁判権を握るようになって、在地で行われていた手段を吸収したため、記録が多く残るようになったのだろう。

いずれにしろ、戦国時代は神裁判が多く実施された時代だった。こうした風潮も近世前期までで、やがて消えていった。

金属の音に対する感情

神仏と深く結び付き、誓いを立てる場にこそ、神仏の来臨が必要である。人はどのように神仏を呼び出し、誓いを立てたのだろう。

「金打《きんちょう》」という言葉があるのをご存じだろうか。『日本国語大辞典』（小学館）は、①「主に江戸時代、武士がけっして約束を違えないという誓いのしるしに、自分の太刀、小刀などの刃や鍔《つば》などを、相手のそれと打ち合わせること。僧侶は小さな鉦《かね》、女子は鏡を打ち合わせた。かねうち」②「転じて、かたい約束。誓い」と説明している。つまり、金属を叩く音である。

私たちの周りには、外側あるいは内側から棒などで打って音を出す金属製の道具がたくさんある。仏壇にはキンあるいは鉢などと呼ばれる金属の仏具が置かれ、神社には賽銭箱《さいせんばこ》の前に鈴や鰐口《わにぐち》が下げられている。

私たちが神社に行くのは神と接触するためで、賽銭をあげるのも神の加護を期待しているからである。祈る側は鈴や鰐口を鳴らし、確かに自分の行為が神とつながっていることを実感しないと不安だった。また、先祖は神でも仏でもないが自分を守ってくれる存在だと意識している。私たちは仏壇で祈る時に先祖の来臨を期待し、自分の行為を確認してもらうため

仲仙寺（伊那市）の鰐口

仏壇の銅鉢。「キン」とも呼ばれる

賽銭箱の前で鈴を振るのは、神仏に
自分の存在を認識してもらうためだ

にキンを鳴らし、この世とあの世とを結び付ける必要があった。金属の音こそ、人と神仏とをつなぐ象徴だったのである。

この風習は、いつごろまでさかのぼれるのだろうか。

『源氏物語』の「末摘花《すえつむはな》」には、無言の約束を「鐘つきて」したとあり、11世紀の初め頃には既に鐘を撞くことが、約束・起請の意味で使われていたことがわかる。12世紀前半にできた『今昔物語』にも金打の語が出ている。『日葡辞書《にっぽじしょ》』は、この語が「抜身の刀に小刀その他の刃物をうちあてながら行う誓約」と説明する。このように、中世は金打が盛んな時代だった。

誓いに鐘を撞く習慣は、近世まで存在した。

山梨県甲府市の御岳金櫻《みたけかなざくら》神社にあった高さ約70センチ、円径約60センチの梵鐘《ぼんしょう》は、19世紀前半まで「起請神文《しんもん》の鐘」と呼ばれていた。『甲斐国志』によると「秘訣《ひけつ》の鐘」とも呼び、社記によれば飛化頭《ひげとう》の池から湧き出した物だという。金櫻神社の御神体は金峰山《きんぷさん》（長野県側では「きんぽうさん」）であり、山頂にある五丈石《ごじょういし》（御座石）と呼ばれる巨石上部の水たまりが飛化頭の池であろう。起請神文の鐘は、御岳信仰の中でも特別な場所から出現した鐘だった。

武田氏が甲斐を治めていた頃、裁判などで判決を下しにくい場合、公に裁判をしてからこ

御岳金櫻神社（甲府市）と神体山の金峰山

の鐘を関係者に撞かせ、罰を神慮《しんりょ》に任せたことから、「神慮の鐘」とも呼ぶ。社家の相原内匠《たくみ》が代々この風習を司ってきたので、同家には御代官や領主、地頭の役人の添え状や起請神文に血を注いだもの百数十通が所蔵されている。鐘を撞いたのは甲斐の人だけでなく、信濃や上野《こうずけ》、武蔵《むさし》などからもやって来たという。『甲斐国志』の別の記載によれば、甲斐国の分が81通、他国29通があるという。甲斐の人の説によれば、この鐘を鳴らせば必ず疾風が吹き、暴雨になる。そこで5月中旬までは鐘を撞くことを禁じていた。俚言《りげん》で誓約することを金打というのも、ここから起こるという。しかし、18世紀前半から風習がすたれ、今はこの鐘を撞く者がない。

『甲陽軍鑑』にも信玄の時代に御岳の鐘を裁判に使った記述があるので、戦国時代には誓いの鐘として用いられていたことが確実である。御岳の鐘は裁判に際し、関係者が裁定の根拠となる発言について「自分は嘘をついていない」と神に誓って鳴らした鐘だった。また寛《かん》永《えい》3年（1626）に書かれた文書に、「信濃国筑摩《つかま》郡小池村（松本市）と同郡内田村（松本市・塩尻市）の入会に関する天正8年（1580）の争論で、信濃の人たちにこの鐘を撞くように命じられた」とあり、武田領国の裁判に御岳の鐘が用いられていたのは間違いない。この鐘は、固い約束をする際の金打に直接つながるのである。

鳴らして誓いを立てる金属製の道具で忘れてならないのは、諏訪大社上社（諏訪市）に伝わる宝鈴である。これは三組の御宝などと呼ばれる鉄の鈴（鉄鐸《てったく》）で、鉄の板を丸くメガホン状にしたもので、中央に舌《ぜつ》が下がる。鐸身の長さが平均18センチ、底の直径が平均6・2センチで、御岳の誓いの鐘と比較するとはるかに小さい。また、音量も弱い。

諏訪社の宝鈴が誓いに用いられたことを示すのは文明《ぶんめい》3年（1471）、かつて祭礼の奉仕がなされたかどうかを確認するために起請文を書かせ、宝鈴に結び付けて振って事実かどうかを確認した、と出てくるのが最古のようである。

この宝鈴の使用で有名なのは天文4年（1535）、武田信玄の父である信虎と、諏訪郡の領主諏訪頼満《よりみつ》（諏訪頼重の祖父）の和平である。この時は、両人が甲斐と信濃の国境の堺《さかい》川《がわ》で対面し、二人の間に諏訪上社の神職である神長《じんちょう》が立って、和平とそれに対する誓いを申し立て、諏訪社の宝鈴を鳴らしている。

この和平は間もなく破れたが、戦国大名が和平を結ぶ大事な場所で宝鈴が鳴らされたことは、この宝鈴がいかに重視されていたかを物語っている。諏訪社の宝鈴は、信玄の時代にも服属の誓いなどに用いられていた。ちなみに、この宝鈴の誓いにおける史料上の使用例は天正10年（1582）で消え、その後は伝わっていない。近世には宝鈴が誓いの場で用いられたことすら、人々の記憶から失われてしまっている。

諏訪社の宝鈴は、誓いに用いられるよりも前から、祭礼で重要な役割を果たしてきた。延《えん》文《ぶん》5年（1356）にできた『諏方大明神画詞《すわだいみょうじんえことば》』にも、神の使いが回り歩く時に御杖《みつえ》に付けていたことが記されている。諏訪社の宝物として現在に至るまで大事にされていて、少なくとも中世初頭までさかのぼれる。従って、御岳金櫻神社の梵鐘などより古いようである。また、同じ形態の鉄鐸は、長野県上伊那郡辰野町の矢彦《やひこ》神社、その隣の塩尻市の小野神社、さらに東筑摩郡朝日村の五社神社にも伝わっており、周囲に広がりを持つ。

長野県の平安時代の遺跡からは、長さ10センチ以下の小型の鉄製の鐸が出ている。茅野市の御狩《みかりの》野遺跡からは、10世紀末の地面を掘りくぼめた墓から6点が出土している。塩尻市広丘の10世紀から12世紀の遺跡である吉田川西遺跡では、住居跡から小型鉄鐸が6点掘り出された。松本でも同様の物が出土した。小型の鉄鐸が出る地域の中には、諏訪社の存在する地域も含み込まれる。この伝統が現存の鉄鐸と結び付いていたのであろう。

鉄鐸が出土するのは必ずしも長野県だけではない。祭祀遺跡である日光の男体山《なんたいさん》（栃木県日光市）の頂上からも鉄鐸が出土している。

金属によって生じる音は、祭祀において特別な意味を持っていた。

金属製のメガホン状で音を出す道具というと、誰もが思い浮かべるのは銅鐸《どうたく》である。弥生

小野神社（塩尻市）には武田勝頼寄進による梵鐘（左）と「サナギほこ」と呼ぶ鉄鐸（下左）、鐘楼（下右）が伝わる

時代、日本列島に住んだ人たちは、それまで手にしたことのない不思議な性質を持つ金属に驚いたことだろう。金属は石や木などが持たない、さまざまな利点を持つ不思議な物体だった。金属が貴重であればあるほど、神に捧げられ、神事に用いられた。金属で作られた銅鐸は、それ以前の人々が聞いたこともない特殊な音を生み出した。その音は金属の特殊な力とあいまって、神の来臨と結び付けられたのではないだろうか。金属から生ずる音に特別な感情を抱き、神の来臨を感じた。金属製、形態、祭礼での使用からして、諏訪社の宝鈴は銅鐸の伝統を引くものだろう。

仏教の伝来とともに、梵鐘がもたらされた。本来儀式などの合図のための道具、つまり人間同士の連絡用だった。それが、日本人の金属音に対する伝統的感情と一緒になって、音自体が神々や仏の来臨のシンボルになった。言い換えるならば、銅鐸の持っていた役割の一端を、より大きく見栄えのいい梵鐘が受け継いだのである。

梵鐘が撞かれている間は、地獄に落ちた者たちもその苦痛から逃れることができるという。梵鐘の音はこの世とあの世をつなぐ能力があるとみなされていた。誓いが神仏との契約なら、この世からあの世に音でつないでくれる梵鐘はうってつけの道具である。

やがて、誓いのための金属楽器として鐘が一般化し、中世までに御岳の鐘のような風習が出来上がった。しかしながら、誓いの場において宝鈴を鳴らした諏訪社の風習は戦国時代で終わり、裁判で御岳の鐘を鳴らす公的な習俗もほぼ17世紀に消えてしまった。

一方、民衆には慣習として、金属の音に対する古い感情が生き続けていた。そのため、日常的に神仏に誓う風習は比較的遅くまで残ったが、近世末にはそれも形骸化した。

3 民衆とともにあった神仏

守られる町や村

戦いの場に身を置く武士だけではなく、民衆も常に神仏に守られる自分を意識していたことがわかっている。中世の人たちは町や村そのものが神や仏に守られていると理解していた。

神に守られる町として都市計画された一つの町について確認しよう。前章でも触れた甲斐《かい》の吉田（山梨県富士吉田市）である。

この町は、元亀《げんき》3年（1572）に古吉田から現在地へ移転した。新たにできた吉田は、南北に流れる2本の川が堀の役割を持ち、同時に精神的な他界との接点となった。吉田の住民にとって集落の外は別の世界にも感じられただろう。

古吉田から現在の吉田に移った時、根《ね》の神《かみ》神社は土地の神を鎮めるために一番先に祭られたと伝えられる。土地の神を鎮めてから町を移転するというのは、現代の家を建てる時の地鎮祭ともつながる思想・行為である。吉田の東側に流れる間堀川に沿って、南から北へ西念《さいねん》寺《じ》（上宿東町）、吉祥寺《きっしょうじ》（中宿東町）、根の神神社（中宿）、地蔵寺《じぞうじ》（中宿東町）、山の神社（中宿）と寺と神社が続き、宗教的なゾーンが形成された。

間堀川に並行して流れる西の神田堀川の内側には、南に祥春庵《しょうしゅうあん》（上宿西町）、最も北の境内には山の神社も祭られている金比羅《こんぴら》神社（下宿）がある。金比羅神社は江戸時代の末に勧《かん》請《じょう》されたと伝えられるので、本来、山の神社の方が古かったようである。

全体の最も高い位置（南側）には上行寺《じょうぎょうじ》（上宿横町）がある。さらにその南側には、道《どう》祖神《そじん》、山の神神社、諏訪明神社と続く。上吉田の町の最南端に立つ金鳥居《かなとりい》は、古吉田から現在の吉田に移った時、御師《おし》たちの手で木造の鳥居が立てられたのが最初だという。

昔から、川は他界につながると意識されていた。神社やお寺の入口にわざわざ橋が設けられるのも、水の上を渡ってこの世から神仏の世界へ入っていく象徴的な意味を持っている。少し前まで盆行事のお供え物や七夕の飾り物などは川に流された。川の流れがあの世・神仏の世界へと供物などを運んでくれると解釈していたのである。

現代の上吉田（富士吉田市）。富士山が眼前に迫る

上吉田の町の最南端に立つ金鳥居

つまり、あの世ともつながる二つの川にはさまれた内側に、町を守るように宗教ゾーンを設け、最も高いところに村の鎮守である諏訪明神、その下に上行寺などを配していた。このように、上吉田は神や仏で守られた空間を意識して、新たな町が作られたと言えよう。こうして町がその周囲を神仏によって守られていることによって、住民は精神的な安心感を持つことができた。

村の場合も同じ意識が見られ、神社やお寺は村の入口に置かれる傾向がある。

文化的景観に指定されている長野県飯山市瑞穂の小菅《こすげ》集落でも、村に通ずる全ての入口に石仏や庚申塔《こうしん》などが置かれている。一の鳥居を経て、千曲川を渡って二の鳥居から上がってくる正式な入口には仁王門がある。門を通ると鉤《かぎ》の手状になって、村の中へと入っていく。村の中央には、氏神ともいえる現在の小菅神社里宮がある。集落の最も高い位置にかつては元隆寺《がんりゅうじ》があり、さらに高い山の上には元隆寺の奥の院（小菅神社奥社）がある。集落の高い場所に寺や神社が設けられ、その下に周囲が神仏に守られるように集落が展開して、地域住民を守ってくれていると意識された。

日本の各地には、村の入口に勧請縄《かんじょうなわ》と呼ばれる注連縄《しめなわ》を張り、大きなワラジなどを置いてよそから入ってくる悪霊などを威嚇《いかく》する民俗が残っている。生活を共にする仲間たちが住

小菅集落（飯山市）の入り口に立つ仁王門

小菅では神仏に守られるように集落が展開する

む場所に争いごとが起こるのは、外から何らかの悪神などが入ったからだと考えた。流行病も集落の外側から入ってくる。災厄は集落の外側に広がる他界からやってくるものだった。

目に見えない災厄をもたらすのが人間でない以上、対抗できるのは神や仏でしかない。そのため、村の入口には災厄をはね返してくれる神が祭られた。同時にいったん村の中へ入ってしまった災厄には早く出ていってほしい。悪神などを送る儀礼の場所が村境でもあった。

道祖神は、集落の外からもたらされる災厄を村の入口で遮ってくれる塞神《さいのかみ》とほとんど同一に理解されていた。長野県では安曇野市や松本市を中心に、愛らしい双体道祖神が多く見られる。置かれるのは村の入口か、村の中心部の辻が多い。現存の道祖神の多くは近世に作られているが、置かれる場所に対する理解は中世の意識を受け継いでいると思われる。

平安時代末期に描かれた『信貴山縁起《しぎさんえんぎ》』には、道ばたの祠《ほこら》と丸石が描かれている。道ばたに置かれる丸石といえば、山梨県の丸石道祖神が有名である。安曇野の道祖神の背後にも自然石が置かれている例がある。こうした神の籠もる自然石から、次第に彫刻の施された道祖神へと変わっていったのであろう。

家の中にも神が祭られた。竈《かまど》のお守りを始め、各々の神がいると思われる場所にお札などが置かれた。建物の入口には祈禱札《きとうふだ》などが置かれ、家の中に悪霊などが入ってくるのを防いでいる。屋敷の周囲には屋敷神などが祭られ、家は多くの神に守られていた。家がある集落

安曇野に多く見られるさまざまな双体道祖神

自体もさまざまな神で守られ、そうした集落・村・郷をいくつかまとめるように、惣郷《そうごう》の神社もあった。

現代では名目だけとなってしまった郡や国も、中世には実態を持っていた。同じ地域に住む人々は強い連帯意識と仲間に対する義務を負っていて、村といった小地域だけでなく、国や郡といった広い範囲に及んでいた。それが中世における敵討ちなどの集団意識にもつながっていく。

同じ国の人たちを精神的に守ったのが、各国の一の宮だった。信濃国の一の宮である諏訪大社で行われる御柱《おんばしら》祭は全国的に有名である。現在は旧諏訪郡の住民によって担われているが、中世において造営を含む御柱祭は信濃国全体で奉仕していた。武田信玄は川中島合戦をしなければならない理由として、本来、信州全域で勤めるべき奉仕を北信濃の者たちがしなくなっているので、自分が信州を統一して必ず以前のように全ての者に奉仕させることを挙げている。一の宮に対する信仰意識も変わりつつあったのである。

祭への参加は信濃国の住民としての義務であり、権利であった。一国の人々が一つになって神に奉仕することで国の意識は強まり、国の神に守られているとの理解が浸透したのである。

人々は仕事をするのにもさまざまな神を祭った。農業にも神は必要で、春祭は農業の開始の祭といえる。田の口には神が祭られた。田植えは神の来臨を求める神事としての側面を強く持った。田に害虫が付かないように虫送りをし、稲が熟する頃には案山子《かかし》によって稔《みの》りの神を招いた。収穫が終われば神への感謝を込めた祭礼が催された。農業は自然の影響を強く受けたので、気候が順調で大風が来ないようにと、神に祈ることも行われた。

山に入る猟師たちは山の神を祭り、海に行く人たちは海の神を祭った。金属業者たちは金《かな》山様《やま》を祭り、職人たちは太子の信仰を強く持った。武士たちは八幡神や諏訪大明神などの加護を受けようとした。それぞれの職業の人たちが、それぞれの神によって守られていると考えていたのである。

このように、中世の人たちは実に何重にも取り巻かれた神や仏の保護の網の中で生活していると信じていた。

あの世とこの世の接点

町や村の中で、いくつかの道が交わる場所を辻と呼ぶ。辻は日本人にとって特別な意味を持つ場所で、さまざまな習俗が残る。「辻」という文字も日本で作られたものである。

まず有名なのは辻占《つじうら》だろう。『広辞苑』は「四辻に立ち、初めに通った人の言葉を聞いて物事の吉凶を判ずる占い」と説明している。原初的な形を伝えているのが、『萬葉集《まんようしゅう》』の

「夕占問ひ　石卜《いしうら》もちて」「門に立ち　夕占問ひつつ　吾を待つと　寝すらむ妹《いも》を」に出てくる「夕占」または「夕占問い」である。

夕占は、時間的にあの世とこの世とが入り混じる夕方、この世とあの世との接点となる辻、もしくはそれにつながる衢《ちまた》において、行き交う人の口を通じて行われた。夕占が夕方という時間帯に重きを置いたのに対し、辻という場を重視したのが辻占である。

辻と占いとの関係は、『新撰菟玖波集《しんせんつくばしゅう》』に見える法眼専順《ほうげんせんじゅん》の「とはゝやさらはみちのつまむき　これぞこのうちのまさしき辻社」（問はばやさらば道のつよむき　これぞこの占のまさしき辻社）という連歌にも見える。

占いが辻という一定の場所で、辻神を念じて行われたのは、辻が霊や神の集まる特別な場所と意識されていたからである。辻占は辻で神が人に憑依《ひょうい》して言葉を発し、自分の未来などを知らせてくれると理解されていた。

辻は、この世とあの世の接点、他界との境界領域であると考えられてきた。村の内部はこの世、外部は他界（あの世）である。この意識は辻切《つじぎり》に典型的に見られ、村の外から悪霊や災いが入ってくる。それゆえ悪霊や災いをもたらすような神などを村の入口で遮《さえぎ》ろうと、実際には道の交差点でなくても辻として意識された。村の入口のように、必ずしも辻になっていない場合でも、辻切などが行われることからもわかる。

また、盆行事や葬儀などにおいて重要な意味を持つ辻は、村の入口でなく、村の中心部ともいうべき場所である。その意味では、村の中央の辻も他界とこの世との接点や境界領域となる。

古代には刑に処せられた者が辻に埋められたという。これはその上を多くの者で踏み、死霊の祟りを避けようとしたからとされる。辻から、死霊を黄泉国《よみのくに》に押し込んでしまおうという考え方である。

辻に祭られる神として一般的なのは道祖神である。道祖神には、村落の中心でこの世とあの世とを結ぶ辻の神の性格と、村の境に立って村外からやって来る悪霊などを遮《さえぎ》ろうとする塞神の二つの側面が混在している。これが区別されずに道祖神として一括されているところに、辻があの世とこの世との接点であったことが示されている。

古代人・中世人にとって、この世は極めて狭い世界で、村の周囲も天上も地下も、自分たちが生活する範囲以外の全てがあの世（他界）だった。周囲を全て他界に囲まれている人間は、他界を支配する神々や祖霊の意に従って行動し、できるだけ彼らの歓心を買うように努める必要があった。

古代人には、『古事記』に見えるように、天空の世界と黄泉国そして我々が住む世界という世界観があり、塞神の存在も意識されていた。同時に、古代には平面的世界観の展開が進み、道饗《みちあえ》の祭も全面に出てくる。

古代・中世に生きた人々は、これらの考え方を基底に置いて、辻を異界との接点という特殊な場所として意識していたと思われる。だからこそ、辻でさまざまな呪いが行われ、芸能が催され、占いがなされたのだろう。

あの世とこの世とを結ぶという意識は、神や祖霊などに対する恐怖感の後退とともに、次第に薄れていった。この変化は中世末期に大きく進展し、近世になると、二つの世界の接点という意味はほとんど意識されなくなった。芸能の場としての辻も同様で、芸能は神に捧げるために演ずるというより、この世にいる人間を楽しませ、それによって収益を得ようとする芸人たちの生活の手段となった。そして、辻は村落共同体で行う祭の場であったため、村の共同の仕事の代名詞になり、共同の持ち物も辻という語を冠せられるようになった。この背景には、村の石高が高辻という名で領主によって掌握されるようになったこともあった。

辻は犯人を探す特別な場所でもあった。これは、辻で占いが行われたこととつながる。昭和初期、長野県下伊那郡和田（飯田市南信濃）に、猫成敗《ねこせいばい》という習俗が伝わっていた。これは犯罪の探索に関するもので、制裁としての効力もあった。村内に盗難があって犯人が発見されない場合、村の辻に皆を呼び集め、村中の飼猫を持ち寄らせた。その猫の中からくじ引きで1匹を選び出し、火炙《ひあぶ》りにして苦しめ、犠牲になった猫の怨霊が犯人に憑依するという。『南伊那農村誌』によると、当時の人たちは怨霊の怖ろしさに怯《おび》えていたので、胸に覚えのある者はたまらず、親類の者などを介して「ちょっと待ってくれ」と自首せずにはいられなかったという。

猫は執念深い動物で、辻に埋める「猫墓」という習俗があった。辻で猫に苦痛を与えて殺すこととも関わりがあると思われる。和田では辻で殺された猫の怨霊が盗難の犯人に乗り移ることを前提に、犯人探しが行われた。猫の怨霊と辻での占いとが重なった習俗として興味深い。

秋田県仙北郡長野町（大仙市）付近では、犯人発見のための人形突きという習俗があった。まず村の四辻に藁《わら》や筵《むしろ》などで高さ一丈（約3メートル）余もある人形を作り、家々から盗品と同種のものを持ってきてこの人形に掛けた。それから祈禱《きとう》をし、幣束《へいそく》を人形の腹に差して、一番先に盗まれた家の人が刃物で罵りながらこの人形を突き、続いて村中の人が打ったり突いたりする。その時の突き方の動作を見極めることによって犯人を捜したという。

これらの事例は近代まで残っていた習俗である。こうしたことは中世において広く行われていたのではないだろうか。

人の一生と神仏

江戸時代を舞台にした時代劇を見ていると、幼い女の子が辻占を売っている場面が出ることがある。辻占売りは先に見た辻占の伝統上に出来上がった。しかしながら、自ら神の存在などを信じて行う辻占と、書いてある辻占を買って占うのとでは大きな差がある。

辻占売りについて『日本国語大辞典』は、「夜間、花柳界などで辻占を売って歩くもの。『つじうら』と赤い文字で書いた提燈《ちょうちん》をさげ、『淡路島かよう千鳥恋の辻うら』などと呼び声を上げて売り歩いた。辻占屋」と説明している。

享保《きょうほう》19年（1734）に刊行された菊岡沾涼《せんりょう》の『本朝世事談綺《ほんちょうせじだんき》』は、辻占が泉州堺（大阪府堺市）より起こったとし、市の町、湯屋の町というところの大小路の辻を、占の辻というと説明する。ここは摂津《せっつ》と和泉《いずみ》の境目、南北の分地で、古に安倍晴明《あべのせいめい》が通って、後世のためと占いの書を埋めたと言い伝えていて、この辻で吉凶を占うと違うことがなかったので、出発点になったとする。注目されるのは、辻占の出発点が摂津と和泉の境である堺において、市の町と湯屋の町という場所の大小路の辻で始まったとされていることである。つまり、占いは境界領域でなされたのである。

江戸時代には、吉凶を占う文句を刷った紙を封じ込んだ菓子である「辻占菓子」、その代いても、中世から近世の間に性格が大きく変わったことになる。辻占という行為にお表ともいえる「辻占煎餅《せんべい》」「辻占昆布」などが売られるようになった。

「辻取《つじとり》」についても前述しているが、これも辻という場所で行われたことを思い起こした い。辻は人、特に子供のやりとりが行われる特殊な場だった。

高知県長岡郡などでは、病身で育ちの悪い小児を育てるのに、「辻売り」または「替親（カエオヤ）」という習俗があった。替親は近隣の一人の子供を選んで、その子を自らもらうだけだが、辻売りは朝早くその子を抱いて四辻に立ち、第三者の通行人にもらってもらう形をとる。第三者の相手が承知すれば、何か身につけていた品物をもらい、新たに名を付けてもらう。そうしてケイヤクオヤとなって、一生の交際をするという。

甑島《こしきじま》（鹿児島県薩摩川内市）では、子供が生まれて7日目の朝、寺参りの途で最初に会った人を、男でも女でも親にする習俗があった。隠岐《おき》島前（島根県隠岐郡）では塞《さい》の神の祠の前で、向こうから来る3人目の人に拾ってもらうという。愛媛県の宇和島（宇和島市）辺りでも、当てがないままに道に子供を捨てて、通りかかった最初の人に拾い親になってもらうという。以前はこうした風習が広く行われたようである。

豊臣秀吉は天正《てんしょう》17年（1589）、淀殿との間に長男鶴松を設けた。彼の別名はお棄丸《すてまる》である。この名前は前述の習俗と関わるといえる。彼はわずか3歳で夭折《ようせつ》したが、その後文禄《ぶんろく》2年（1593）、淀殿との間に再び子供が生まれた時、秀吉は定めて拾い子だろうと、お拾《ひろい》丸《まる》と名付けた。これは既にこの時期、子供の成長を祈っての捨子、拾子《ひろいご》という習俗が広く行われていたことを示す。

中世人は人間の生命を司るのはこの世の人間でなく神仏で、人間が生まれること自体が不可思議なものであると考えていた。そこで、神々や祖霊などが姿を現しやすい、この世とあの世との接点である辻という場所において辻売りをすることによって、子供の成長を祈願したのである。

長野県下伊那郡阿智村では、男の25歳、42歳、女の19歳、33歳、子供の4歳が厄年《やくどし》だとして、2月14日の真夜中、他人に見られないように丸い物（銭や輪切りの大根など）を年の数だけ四辻に捨て、厄落しをした。長野県北安曇《きたあずみ》郡の厄落しは、厄年の者が年取りの晩に年の数だけの銭もしくは輪切りの大根を四辻や橋といった人通りの多いところにまく。

山口県佐波郡の旧柚野村（山口県山口市）では、土用の最中に虫送り行事があり、祖父神社から御輿《みこし》が出る。これをおゆき（御幸）と呼ぶが、御幣《ごへい》・やり・太刀の露払いに太鼓が付き、御輿《みこし》が進み、大夫・頭屋衆《とうやしゅう》が従う。太鼓が間遠に打ち鳴らされ、村内の通れる道はあまねく回り、辻々で御輿が止まり、大夫が田に向かって御幣で祓《はら》う。辻々に御輿が止まり、お祓いがなされることは、辻が特別な場として意識され、神事において重要な意味を持っていたことを示している。

そもそも、人が誕生するのはあの世からこの世に魂が送られた結果だと理解されたので、子授けを神々に祈らねばならなかった。お産が滞りなく行われるようにと神祈りが捧げられ、さまざまな儀礼がなされた。

鎌倉時代に描かれた『北野天神縁起絵巻《きたのてんじんえんぎ》』には、出産の様子が描かれている。御簾《みす》の中では産婦が抱えられながらの出産の最中で、その側にいる巫女《みこ》は白砂らしい物をまいて祈っている。次の間には山伏がいて、庭では陰陽師《おんみょうじ》(天文暦数を算定すると同時に太陽や月を見て占いをする職業人)が祭文《さいもん》を読み上げている。縁側では男が悪霊を祓うために鳴弦《めいげん》を行っている。

12世紀後半に原本ができた『彦火々出見尊《ひこほほでみのみこと》絵巻』では、姫君が部屋の中央の柱にしがみつき、その横で老女が一心に安産を祈っている。また、女が土器《かわらけ》を足で踏み砕いているのは、安産と魔除けを祈る「甑落《こしき》とし」の儀礼である。産屋《うぶや》は未完ながら鵜《う》の羽で葺《ふ》かれた。庭には幣《ぬさ》で祓いをする女性がいる。ここでも陰陽師が八足の几《き》の上に、小さな幣を立てて占っている。また別の几では巫女と思われる女性が座っている。出産に際しても、こうしたさまざまなまじないが行われた。

子供が生まれると氏神に報告され、子供は病気にならないようにお守りなどが持たされ、病気になるとさまざまな祈禱や呪いがなされた。

14世紀前半に描かれた『春日権現験記絵《かすがごんげんげんきえ》』には、蛇をいじめて病気になった子供の家で、巫女が祈禱を行っている状況が描かれている。巫女は折敷《おしき》の上に白砂と思われる白い物を盛っている。修験者《しゅげんじゃ》が呼び寄せられ、彼の口から春日明神のお告げが伝えられる。

また、大和国中で疫病が蔓延した状況を描いた場面では、屋根から中をうかがう疫鬼に対し、戸口の軒下で火を焚き、塞神の石を祭り、黒髪をはさんだ幣串《へいぐし》を立て、供物を盛った土器《かわらけ》を供えている。このように病気になると神や仏の加護を求めた。もっともこの点は、現代人でも同じかもしれない。

どんな人であってもやがては死亡する。死者の葬送儀礼も神仏と結び付く。中世の人々にとって理想の死は、極楽往生《ごくらくおうじょう》を遂げることであった。このために寺に参詣し、善行を積んだ。極楽往生は、紫雲《しうん》がたなびき、よい香りがして、微妙な音楽が聞こえることで象徴された。こうなると阿弥陀《あみだ》に導かれて、西方浄土の極楽に行くことができると考えられた。葬送においても僧侶の役割は大きく、さまざまな儀礼がなされた。

人々の一生は誕生から死亡まで、常に神仏と関わっていた。実際、中世の人々は誕生も死

鎌倉時代の出産の様子。巫女、山伏、陰陽師らが見える（『北野天神縁起絵巻・承久本　巻八・人間界』（北野天満宮蔵）より）

大和国で疫病が蔓延している場面。屋根の上から屋内をうかがう疫鬼に対し、軒下で火を焚き、塞神の石を祭っている（『春日権現験記』（国立国会図書館蔵）より）

も、神や仏が司っているのだと理解していた。身分や財力によって実際の儀礼などには差があったが、神仏の祈りや感謝の念は、現代人には計り知れないほど大きかったと思われる。

戦国時代を理解する鍵の一つは、神仏と人々との深い結び付きである。それは現代の私たちには想像もできないほど強いものであった。

同じ日本人同士が戦わねばならなかった最大の原因は、厳しい自然環境の中で相手の命を奪ってでも食料を入手したいという〝生きるため〟であった。それを精神的に支えたのが、信仰している神仏が積極的に戦いを支持し、何かあるごとに夢などを通して行動を応援してくれているとの理解である。信玄が川中島合戦に向かう理由として、諏訪社の祭礼復興を挙げていることは、戦いそのものが神仏を喜ばせる方策だと喧伝し、自らも戦いに行く者たちにも納得させたかったからであろう。

戦争に行ったのは武士ばかりではなく、一般の民衆が積極的に参加して、略奪などを行う側面もあった。厳しい生活を強いられている者ほど、厳しく対応する。むしろ民衆の方が敵に対して残虐であった可能性もある。

しかし、神仏を畏怖する中世の意識は近世に向かって後退していく。こうした社会的な風潮の変化は、戦国時代のさまざまなところで確認できる。

第4章

自然への畏怖の変化

1　襲い来る自然

『勝山記』に見る自然災害

戦国時代は気候が安定しておらず、自然災害が頻発していた。災害が起これば凶作になり、凶作は飢饉《ききん》につながる。

甲斐《かい》の記録『勝山記《かつやまき》』には災害の記録が多く残る（次頁からの年表参照）。『勝山記』の筆者がいた常在寺《じょうざいじ》（山梨県南都留郡河口湖町）は海抜８４１メートルと標高が高く、富士山から冷たい風も吹く寒冷地だった。そのためか大雪や霜の記載が多い。富士山麓は、同じ甲斐でも甲府盆地より標高が高く、冬になると目の前に富士山の白い雪を見た。富士山に積もる雪と日常生活に影響する気候とが密接につながっていたため、富士山の降雪そのものが人々の関心事だった。永正《えいしょう》2年（１５０５）には、今の暦で7月8月という最も暑い時期に雪が5回も降っている。度重なる夏の富士山への積雪は、麓の人々にとって不気味だったことだろう。

『勝山記』の筆者がいた常在寺（山梨県河口湖町）

河口湖と富士山。富士山麓は甲府盆地より標高が高く、寒冷地である

文亀《ぶんき》3年（1503）8月（グレゴリオ暦9月　以下同）に降った霜は、農作物に大打撃を与えた。富士五湖の一つ河口湖（海抜831メートル）は12月（翌年1月）から凍り始め、3月近くまで解けなかったという。現在の暦にするならば3月の末頃まで河口湖が凍っていたことになる。氷の厚さは一尺から二尺（約30センチから60センチ）もあり、人々は氷の上を通行していた。河口湖は平成13年（2001）に17年ぶりに結氷したが、厚いところでも氷は10センチ程度、全面結氷はしていない。これと比較すれば、当時、いかに寒かったかが想像できよう。

　大雪は、被害状況とともに記載されている。永正7年（1510）には四尺（約120センチ）の大雪が積もり、多くの鹿が死ん

『勝山記』に記された災害記録

文明2（1470）	
3（1471）	
4（1472）	
5（1473）	飢饉「餓死」
6（1474）	
7（1475）	大水（3月）
8（1476）	
9（1477）	飢饉、疱瘡、疫病
10（1478）	
11（1479）	
12（1480）	
13（1481）	疫病「人病ミ死事無限」
14（1482）	大風、不作、飢渇、疫病、大水
15（1483）	疫病
16（1484）	
17（1485）	
18（1486）	大風、疫病
長享1（1487）	疫病「人多死事大半ニ過タリ」
2（1488）	大雨「粟皆損」、疫病「人民死事無限」

だ。この辺りでは大体四尺が大雪の目安とされていて、大雪が降ると鳥や獣の動向に注意が払われた。これは富士山麓の原生林に近いため、鳥獣に接する機会が多く、狩猟などに関わる者がいたからであろう。鳥獣は住民の食料になっていた。

　永正9年（1512）3月（4月）は大雪で「通路悉《ことごと》く止まる」とある。永正14年12月（翌年2月）から3日間降り続いた雪は四尺五寸にも及んだ。この雪のために富士山麓で「四方路次悉く塞がる」とあって、人々の生活が孤立した。鳥獣の食物もなくなり、餓死したとある。富士北麓は火山灰土と溶岩のため農業生産力が弱く、食料の多くが他地域から持ち込まれたので、雪で交通が遮断されるとそのまま飢餓につながった。永正12年に

延徳1	（1489）	疫病「人民死」
2	（1490）	日照り、大風、大雨、不作「飢饉無申計」
3	（1491）	「人民餓死無限」
明応1	（1492）	大飢饉「無申計」、大雨（6月）「在所皆流れる」
2	（1493）	「甲州乱国ニ成リ始」
3	（1494）	「耕作ハ半分モ実不入」
4	（1495）	大風（7月）、飢饉「作一本モ実不入」
5	（1496）	大水・大風（8月）「作毛悉損」、日照り（冬）
6	（1497）	
7	（1498）	少雪（冬）、大地震（8月）「諸家悉頽レ落」、大雨・大風・土石流（8月）「大飢饉無申計」
8	（1499）	地震（1月）
9	（1500）	大風（1月）、大風（5月）、地震（6月）
文亀1	（1501）	大雨（6月）「大水出テ作リ悉水ニナリ」
2	（1502）	大風「悪風八月吹テ耕作殊事外」

は10月（11月）から雪と大雨が一緒に降り始め、大地が凍って芋も掘れず、菜一本も採れなかった。永正15年8月（10月）には大霜の記録がある。

天文《てんぶん》6年（1537）は10月（11月）から雪が降ったため下吉田では垣根の木を切り取って暖房に使った。永禄《えいろく》3年（1560）にも大雪のために、鹿や鳥が残らず捕獲された。永禄4年の1月2月は大雪で、燃料とする薪を手に入れることができずに難儀したとある。普段から寒さには慣れていても、予期せぬ時期に寒さが来ると作物は被害を受け、生活に支障をきたしていたことがわかる。このように16世紀の前半はとても寒かった。

一方、暖かい冬はそれだけでニュースである。明応《めいおう》7年（1498）の冬には雪があま

3（1503）	霜（8月）、河口湖全面結氷（12月）、少雪・日照り
永正1（1504）	少雪、河口湖全面結氷（3月）
2（1505）	大雪4尺、河口湖全面結氷、日照り、富士山積雪（6月7月）、大飢饉「馬人死ル事無限」
3（1506）	暖冬「春ツマル」
4（1507）	
5（1508）	「大雨シキリ、作毛言語道断悪シ」「秋作ハ悉ク悪シ」
6（1509）	大雪（12月）
7（1510）	大雪4尺
8（1511）	口痺「人民死事無限」、大風「十分ノ富貴四分三分ニ成」、大水（8月）「耕作損事無限」
9（1512）	大雪4尺（3月）「通路悉トマル」「世間大ニツマル」、河口湖満水
10（1513）	麻疹、唐瘡（梅毒）
11（1514）	少雪、暖冬
12（1515）	雪・大雨（10月）「大地事外ニ凍言語道断飢饉」、寒冬
13（1516）	「春ヨリツマル」、地震（7月）

り降らず、文亀3年（1503）、文亀4年にも同様の記述が見られる。天文4年（1535）は正月から暖かく、天文5年正月、天文6年正月も暖かい。弘治《こうじ》3年（1557）の冬はまた暖かかった。

概して時代が下るとともに、少しずつ暖かさの記載が多くなる。これは15世紀に小氷河期があり、16世紀の末にはその状態を脱却するという気候史の成果に即応する。つまり、戦国時代は小氷河期から次第に暖かくなる時期にあたっていたのである。しかし、記載の通り、寒かったり暖かかったりと気候は安定せず、農作物に大きな影響を与えていた。

雨や雪がまったく降らないことも災害になる。『勝山記』でも日照りが農作物の成長に

14（1517）	大雪4尺5寸（12月）「四方路次悉クフサガル鳥獣餓死」
15（1518）	富士山頂嵐（6月）、大風（7月）「作毛悉ク損」、大霜（8月）「世間ツマル事無限」、飢饉
16（1519）	全国的飢饉「諸国及餓死」
17（1520）	大雨（8月）「作毛悉損」、大雪（11月）、大雪4尺（12月）
大永1（1521）	
2（1522）	「作毛事ノ外悪シ」「何ニテモ吉物ハ無」
3（1523）	「都留郡大飢饉無限」「春ヨリ富士郡へ行テ続命ヲ」子供の疱瘡・麻疹「大概ハツル」
4（1524）	
5（1525）	「銭ニツマル事無限」
6（1526）	
7（1527）	
享禄1（1528）	大雨・大水（5月）「悉ク田畑ヲ損」、日照り（6〜8月）
2（1529）	「銭飢ケカチ」
3（1530）	暖冬（1月）、病死者多数

大きな影響を与えている。特に冬の降雪や富士山の雪が少ないことは、そのまま麓の水の多少に関わる。飲料水、農業用水ともに、日照りは大きな影響を及ぼした。現代人は水のない災害をあまり実感しないが、当時の人々にとって日照りは最も大きな災害の一つだったことがわかる。

その一方で、当時は多くの水害に襲われた。農作物などに直接被害を与える災害であり、『勝山記』にも水害の記載が多いが、それは決して甲州だけのことではなかった。

文明《ぶんめい》14年（1482）には信濃国諏訪郡でも5月（6月）からの大雨で大水が出て、町や村、田畑、人や牛馬などが押し流され、閏《うるう》7月（9月）以降の大雨で諏訪郡内が海原となった（諏訪社神長守矢《じんちょうもりや》氏『守矢満実《みつざね》書

4（1531）	「少童モノヤム事無限、千死一生」
天文1（1532）	「春ハ人々ツマル事無限」、飢饉、日照り
2（1533）	河口湖干上がる、大雨、不作（5〜8月）
3（1534）	「春言語道断餓死致候テ、人々ツマル事無限」、疫病「銭飢渇」大風
4（1535）	暖冬（1月）、大風、家屋被害（3月）、「難儀ナル咳病ハヤリ候テ皆ナ死去」
5（1536）	暖冬・地震・大風（1月）、大雨・疫病（5〜7月）「言語道断餓死」
6（1537）	暖冬・疫病（1月）「言語道断餓死」、雪（10月）寒冬
7（1538）	大風（1月）、大風（2〜3月）、大麦不作、「此春モ皆人餓死」
8（1539）	暖冬、大風・大水・飢渇（12月）
9（1540）	大雨（5〜6月）、大風（8月）、鳥獣全滅
10（1541）	「餓死致候テ、人馬共ニ死ル事無限」（春）、大風（8〜9月）「世中一向悪ク御座候」

留』より)。天文2年（1533）には、天竜川も大洪水に見舞われている（理性院厳《りしょういんごん》助《じょ》『天文二年信州下向記』より)。天文8年（1539）12月は諏訪地方でも大雨が降り、大水となって橋がことごとく流れ、東西の通路が止まった。天文19年（1550）の洪水は甲斐に残る『高白斎記《こうはくさいき》』に「8月3日（9月23日）大洪水」、信濃国『東春近村誌』にも「7月8月に天竜川洪水」と見える。大雨は中部地方全域に被害をもたらしたと言えよう。

　また、富士山麓独特の災害として、富士山の雪が解けて起きる雪代《ゆきしろ》（土石流）がある。

　明応7年（1498）8月の大雨は土石流を引き起こした。『勝山記』には「西海《にしのうみ》（西湖、富士河口湖町）・長浜（同）・大田輪

11（1542）	秋「世中一向悪、大風三度人々餓死候事無限、銭飢渇」
12（1543）	
13（1544）	飢饉、餓死「世間人々餓死致候事無限」
14（1545）	大風（1月）「春ル人々ツマル事無限」、雪代水（2月）、日照り（6〜7月）
15（1546）	大雨・大水・山崩（7月）「田地作モウ悉クオシナカシ」、大風（7月）、不作、餓死者多数
16（1547）	「銭飢渇、世間ツマル事無限」
17（1548）	
18（1549）	大地震（4月）「言語道断不及言説」
19（1550）	大雨（6月）、大雨・大風（7〜8月）「世間致餓死致候事無限」「春中小童共モヲヤミ候テ、皆々死事不及言説」
20（1551）	飢饉「餓死ニ人ノツマル事言語道断」
21（1552）	大風「作毛ニ実不入」

（同）・大原（同）はことごとく壁《びゃく》に押されて、住人の大半が死に、足和田《あしわだ》小海（同）の巖は皆流れて白山となってしまった」（意訳）とあり、この記載が土石流を示すことは間違いない。

天文14年（１５４５）２月（翌年４月）には富士山よりの雪代水が吉田へ押しかけ、人馬ともに押し流し、下吉田の冬水麦を巻き込んだ。天文23年（１５５４）正月にも雪代水があり、正月から3月までの間に11度も流された。永禄2年（１５５９）正月申《さる》の日にも雪代水が出て、田地や家・村をことごとく流した。12月（翌年1月）には大雨を引き金に法華堂（富士吉田市下吉田）を流す勢いの雪代水が急に出て、一般の人家はほとんど押し流されたという。

22（1553）	日照り・水が干上がる（5〜9月）「此方ノ冬水チカイ候、去程大麦チカイ」
23（1554）	11度の雪代水（1〜3月）銭飢渇、病死者多数、日照り・河口湖干上がる（7月）、大風（8月）「二十分ノ世ノ中カ一切皆ナ無御座、家ヲ皆々吹キタヲシ、人馬ヲ悉ク打殺」、降雪なし（冬）
24（1555）	暖冬（1月）
弘治2（1556）	「世間ツマル事不及言説」
3（1557）	日照り（12月）「イモ悉クヤケカレ」、暖冬「悉クケカチ入ル事無限」
永禄1（1558）	大風（8月）「秋世中粟半、耕作同、イネ半、大麦小麦半」
2（1559）	雪代水（1月）「悉ク田地家村ヲ流シ候」、大雹（4月）「大麦半分」、大雨・雪代水（12月）、疫病
3（1560）	大雪（2月）、大雨・農作物大被害（6〜10月）、大雪、疫病流行「悉人多死無限」

その被害は甚大で、元亀《げんき》3年（1572）に吉田の町が現在の地に移ったのも、雪代の災害から逃れるためであった。吉田の諏訪の森は寛永《かんえい》年間（1624〜44）、秋元喬朝《たかとも》が吉田宿と桂川沿いの雪代の害を食い止めようと植林したと伝承されている。

戦国時代は、数多くの地震にも見舞われた。明応7年（1498）8月、地震が起こった。明応の大地震と呼ばれる大地震である。『年代記抄節』によると「午前八時頃に大地震があり、日本国中堂塔ないし諸家のすべてが倒れ落ち、大海辺は人々が皆やってきた浪に引かれて死失し、小川もすべて損失した。この時に伊勢大湊《おおみなと》（三重県伊勢市）は壊滅状態に見舞われ、三河（愛知県）・紀

4（1561）	大雪・疫病（1〜2月）、不作「秋世中半作」
5（1562）	
6（1563）	
7（1564）	
8（1565）	
9（1566）	
10（1567）	
11（1568）	
12（1569）	
元亀1（1570）	
2（1571）	
3（1572）	吉田の町移転（雪代災害からの避難）
天正1（1573）	

伊（和歌山県）といった諸国の浜には海水があふれ多くが滅亡した」（意訳）とある。『皇代《こうだい》記《き》』の記述では、遠江《とおとうみ》では津波によって荒井崎（静岡県浜松市）が破れ、浜名湖が海に通じたという。

天文18年（1549）にも地震があり、それまでの52年間に経験のない程の地震で10日以上も続いた。明応7年の地震については各地に数多くの史料が残っていながら、それ以上という天文18年の地震についての記録は『勝山記』以外にまったく見られない。局地地震だったのであろうか。

大風に関する記載も驚くほどある。このうち22回は時期が記され、特に8月（8回）、7月（4回）、正月（4回）に大風に見舞われている。7・8・9月は台風シーズンなので、大風の正体は台風だろう。正月を中心とする冬に大きな被害を伴う風が吹いているのは、富士山からの突風である。

大風も農作物に被害をもたらした。文明18年（1486）に風が吹き、景気が悪かったという記述に始まり、永正8年（1511）には大風が二、三度吹いて、「十分の富貴《ふき》が四分三分になった」とある。大風による作物の被害によって、不景気が引き起こされたのであろう。

大風と大雨が重なる台風は被害が大きく、明応7年（1498）8月の大風と大雨が引き金になって西湖《さいこ》（富士河口湖町）などで土石流が起きている。天文19（1550）年夏の大雨と大風では餓死する者がたくさんあった。

大風は民家や山の木々などにも甚大な被害を与えた。天文9年（1540）8月の大風では、「海岸が波に引かれ、山の中の家は倒れた周囲の大木により打ち破られ、お堂やお寺、お宮もことごとく吹き倒された。一般の家で完全なのは千に一つ、万に一つという状況で、鳥獣もこの風によって皆死んだ」（意訳）とあり、1万本の木が倒れた大被害であった。

天文23年（1554）8月の大風は「二十分の世の中一切皆御座無く候」という。それまで二十分に世間に物資が満ちていたのに、一切がなくなったとの意味で、大風は多くの家を吹き倒して、人馬を打ち殺した。千軒の家があった吉田には真直に立っている家が一つもなく、大竹屋の内室が吹き倒された家の下敷きになって亡くなり、子供も死んだという。風による家屋の害がこれだけ多いのは、民衆の家が簡単な構造で、少しの風でも被害を受けやすいこともあったと考えられる。

自然界からの予兆

異界に囲まれ、神仏から守られて暮らしていると理解していた中世の人々は、災害などが起きる前には、神仏から何らかの知らせがあるはずだと考えていた。人間が統御できないさまざまな自然異常も、神仏からの知らせと解釈した。そのため、現代の私たちなら思いもかけない動物の動きや自然現象から神意を探り、自分たちの行動の参考にしようとした。

動物や虫の動きなどへの着目もその一つであろう。『勝山記』には、単なる天候異常の描写というより、記録者はここから何らかの意味を読み取ろうとしていた可能性が高い記載が多くみられる。

文明8年（1476）には、多くの犬がにわかに石や木または人に噛《か》み付いて自滅したとある。狂犬病のような事実を述べたのか、それとも犬の特別な動きに何らかの意味を読み取ろうとしていたのだろうか。

文亀元年（1501）12月には、小寒のうちに蝮《まむし》が雪の中に出て、人の足の辺を回っている。また、ガマガエルが飛び回っていたのに急な寒さで死んでいる。文亀2年には浅間宮に猿が来て、一両日遊んで消えた。「富士山は庚申《かのえさる》の年に出現した」との伝説があることから、猿は富士浅間宮の使いとされ、その猿が麓に降りて来たので、神が猿を遣わした何らかの意図があると解されたようである。さらに記録は「狐が人になり、人の家来となる。また狐が人に噛み付いた」と続く。狐も神の使いとしての側面を持っているので、両方の記載とも何か特別なことが起こる前触れとして記録されたのではないだろうか。

永正8年（1511）8月には大原に天狗《てんぐ》が寄り集まって、三度にわたって鬨《とき》の声を挙げたとある。天狗の声を何か予兆として感じたのではないだろうか。実際この時は、富士山のかま岩（鎌岩、釜岩、神満岩）が燃えた。当時、多武峯《とおのみね》（奈良県桜井市）の藤原鎌足《かまたり》の墓の鳴動や御影の破裂、多田満仲《みつなか》の多田院廟所《びょうしょ》（兵庫県川西市）の鳴動は、子孫を危険から救うために注意を喚起しているのだと信じられていたので、盆行事の行われる8月に聞こえた天狗の声は、祖霊が異変を告げようと連絡を取っていると理解されたのかもしれない。それと富士山のかま岩が燃えたこととが重なって、予兆として記されたのだろう。

この天狗の声とは重なるが、当時の公家である甘露寺元長《かんろじもとなが》が書いた『元長卿記』にも死の予兆と理解された鬨の声の記述がある。室町幕府の八代将軍足利義政は延徳《えんとく》2年（1490）正月、白馬節会《あおうまのせちえ》と呼ばれる儀式を復興しようとしたが、翌日義政の病気が再発し、7日に亡くなったため復興は中止された。後で聞くと先の5日、義政は上山で10人ばかりが鬨笑《こうしょう》する声を聞いたという。

当時は、火事すら神の意によると考えられた。永正5年（1508）には火事の連続は天が災いを示しているとして、朝廷の安全のための御教書《みぎょうしょ》（三位以上の公卿または将軍の命を奉じてその部下が出した文書）が出されている。

前述の甘露寺元長はその年、石清水八幡宮《いわしみずはちまんぐう》（京都府八幡市）が炎上する前、風もないのに、護国寺（八幡宮の神宮寺）のかたわらの楠の大木が転倒、不動堂・護摩《ごま》堂等が破損したことを記録した。この楠の大木が倒れたのは八幡宝殿が焼失する前触れと思ったのだろう。神社の異常は神の知らせとされ、中御門宣胤《なかみかどのりたね》の日記『宣胤卿記』には永正3年（1506）、春日社（奈良県奈良市）の山木7千本が枯れたのは、大和《やまと》に細川政元《ほそかわまさもと》の被官が乱入して押領し、国民が皆退散した時のことだと評している。

『勝山記』には、荒唐無稽《こうとうむけい》と思われる内容を含めてさまざまな記載がある。全てが災害予兆とは限らないが、筆者が何か特別な意識を持って書き留めたことは間違いない。

予測の一つに星の動きへの着目がある。中世の記録は『勝山記』に限らず、天空に関係する記載が多い。これは僧侶や神主、陰陽師が星や太陽などの動きから、宇宙や神々のメッセージを読み取ろうとしたことを示している。たまたま目にしたということではなく、日頃の観察の結果といえよう。彼らが得ようとしたメッセージの一つが災害でもあった。当時の人々がまず予兆の対象としたのは、天空に輝く太陽や月、そして星、さらに雲であった。日蝕や月蝕があると、御所を筵《むしろ》で包んだ。天皇は日本の秩序の中心にいるので、太陽や月の見えない妖光を浴びて聖性が失われないようにしたのである。文明9年（1477）7月にも月蝕のために御所が包まれている。

延徳3年（1491）6月、勧修寺《かじゅうじ》教秀《のりひで》は、太白《たいはく》（金星）と歳星《さいせい》（木星。国家または帝王を代表）の二星が合ったので、７日間祈禱《きとう》するようにと竹内僧正（曼殊院良鎮《まんしゅいんりょうちん》）に伝えている。惑星同士の合犯・接近も特別な意味を持つことと理解された。

文亀元年（１５０１）７月夜、京都では月に暈《かさ》が三輪も見え、これを占ったところ火災と兵革の兆しと出た。月の暈が占いの対象とされることは、それだけ月が注目されていたからである。

永正３年（１５０６）７月夜には彗星《すいせい》が出現した。彗星が出ると朝廷ではその意味を問うために占いがなされた。天正《てんしょう》５年（１５７７）９月にも彗星が見えた。尾の長さは七間（約12・７メートル）ばかりで月光のようだった。吉田神社（京都市）の神主で公卿でもある吉田兼見《かねみ》が書いた『兼見卿記《きょうき》』によると、「希代也《きたい》」としている。「これによって悪いことが起きないように」と祈禱がされた。元亀３年（１５７２）５月は月蝕になるはずだったが、雨でもないのに月蝕にならず、賀茂社領に遣わされた石成友通《いしなりともみち》の念ずる力によってなくなったとの風説があった。

星とは関係ない光も、奇怪なこととして注目された。

文明９年（１４７７）３月、京都で光の怪があり、東西に光が飛んだため、陰陽寮《おんみょうりょう》が占うと兵革の兆しと出た。５月にも将軍義政の邸宅の辺に光の怪があった。永正10年（１５１４）正月夜には京都に数丈に及ぶ光り物があり、北方から南に飛んで、雲に入った後、雷鳴のような音がした。同じように大永《たいえい》5年（1525）正月7日にも光り物があり、動いた。元亀3年（1572）2月には光り物の天変があり、御殿の辺で飛び散ったので、お祈りがなされた。このように天空のさまざまな光は神の世界とこの世とを結ぶものとして理解されていた。いつもと違う太陽や月、星の光は、神仏が何かを伝えてくれていると思われていた。

地震も何かの意味だと理解されていた。天の反対側は地下であり、人間が生活していない地中が異界とされたからである。人々は空中や地中には天の神や地の神がいて、そうした神々が人間に何らかのシグナルを送っているのだと理解した。それを解釈し対応すれば悲惨な事態は逃れられるはずだと考えていた。

このように、当時の人々は自然の異常、人間の異常、社会の異常といったこと全てに、神仏のお告げを読み取り、災害などを少しでも少なくしようとした。

中世の人々が星や月などの天空の動き、あるいは動物の様子に、現代人が抱かない特別な意味を感じていたことは疑いない。だからこそ、現代の私たちでは見過ごしてしまう自然の動きに目を向けた。天狗が鬨の声を挙げた事実はないだろう。しかし、そのような声を聞いたという、音や声に対する意識の存在こそが注目に値する。このような事柄に人々は神の意志を読み取り、災害などの予兆を見出そうとしていた。

予兆の記載は、時代が下がるに従って消えていく。これは予兆に対する意識が次第に減少してきたことを意味した。今の私たちと同じように、事件が起きるのには必ず原因があるのだとする現代的な科学的思考が芽ばえてきたからである。

2　食料難と人々の知恵

凶作が招く飢饉

戦国時代の気候が安定しておらず、自然災害が頻発していたことと、戦国の争乱の間には因果関係がある。全国的な争いの背後には、気候異常の中で食糧がなくなり、他から奪ってでも生きていかねばならない現実があった。自然災害が起これば凶作になり、作物が不作だと、必ずといっていいほど飢饉《ききん》が訪れた。『勝山記《かつやまき》』の中にはいやになるほど飢饉の記録がある。自然災害の多くは農業に大きな影響を与えるので、はっきり理由が示されずに凶作の状況が記載されている場合、何らかの自然的な異常があったと思われる。

文明《ぶんめい》5年（1473）に甲州は大飢饉となり、死者が限りなく出たという記載に始まり、文明9年、延徳《えんとく》2年（1489）、3年、明応《めいおう》4年（1495）、7年、永正《えいしょう》2年（1505）、12年、14年、15年、16年、大永《たいえい》3年（1523）、天文《てんぶん》元年（1532）、3年、5年、6年、7年、10年、11年、13年、15年、19年、20年、弘治《こうじ》3年（1557）と続いている。飢饉はほとんど連年、富士山麓を襲った。

飢饉は甲州だけではなかった。文明4年（1472）には東北地方で正月から6月まで雨が降らず穀物が皆枯れ、この年は京都も飢饉になった。翌年、陸奥《みちのく》が飢饉に見舞われ、明応8年（1499）には各地で飢饉が起き、多くの人が亡くなった。会津《あいづ》でも甲斐《かい》でも米価が高騰し、永正2年（1505）には餓死者が3千人もあったという。永正9年（1512）も全国的な飢饉で、6、7月に多くの人が死亡した。甲斐で大飢饉が起きた永正16年（1519）には京都も春から夏に至る間、餓死する者が多く、悲田院《ひでんいん》で食物を与えて救った。天文9年（1540）にも京都および諸国に疫疾《えきしつ》が大流行し、この年の春に飢饉で死んだ者は数十万に及んだという。

戦国時代はまさに飢饉の時代であった。食べ物を巡って戦争が引き起こされたともいえる。飢饉は身を売ってでも生き延びようとする人々を生み、人身売買の原因ともなった。

自然災害を引き金にしてもたらされる飢饉の記載は実に多くある。これだけ飢饉が続きながら、よくも人々が生き続けられたものだと思う。

食料が少なく、飢饉になって体力が弱ると病気になりやすくなる。戦国時代は疫病などが頻繁に人々を襲った。

『勝山記』に見られる病気を種類によって分類すると、まず疱《もがさ》（疱瘡《ほうそう》）、「いなすり」（麻疹《はしか》の異称）、単に疫病として記載される流行病がある。子供が疱を病むと、大概の者は亡くなった。生き残った者は千死に一生を得た思いだったという。麻疹も多く、永正8年（1511）には口痺《こうひ》（喉痺、のどの痛む病気）の流行も見られる。『塩山向嶽禅庵小年代記《えんざんこうがくぜんあん》』に「六月より初孟蘭盆《うらぼん》前後、天下に癘《えやみ》多くして貴賤上下の人民、牛馬、鹿畜共に死却せり」とあり、当時広く流行病があったことが知られる。永正8年の口痺の模様からして、郡内地方にも流行があった。

永正10年に「唐瘡《たうも》」という大きな瘡《かさ》が流行し、平癒するのに時間がかかっている。これは唐人によってもたらされた腫物の意味で、梅毒《ばいどく》あるいは麻疹を示す。天文4年（1535）には難儀な咳病で皆死亡した。また天文23年（1554）には腹を煩う病気が流行し、大概の者が亡くなったという。病名のはっきりしない病気もあって、文明14年（1482）には人民が多く病死したと記されているのみである。

現代のような衛生観念がなく、病気の原因も知られていなかった戦国時代で、疫病は定期的に襲ってきた。しかも自然災害などを契機にした飢饉にもたびたび見舞われ、飢饉で体力がない時期に疫病が蔓延し、多くの病死者が出た。頻繁に病気に見舞われた富士山麓の人々はどのような対応策を取ったのであろうか。

文明8年（1476）には門松を2度立てている。これは2度正月をすることによって、よい年の来ることを期待し、災害などから逃れようとしたのだろう。長享《ちょうきょう》3年（1489）を延徳と改元したのは、元号の文字に徳のある時代が長く続くようにとの願いを込めたと推察される。特に延徳2年（1490）には「京都で王が崩御されたことを理由に、福徳《ふくとく》二年と改元された」と記されている。福徳の元号は実際にはなく私年号であるが、元号自体にマジカルな意味があることを前提にして、民衆の側で新たな世の到来を求めた結果であろう。

享禄3年（1530）に諸国において人々が諸神を鹿島に送ったというのは、病人が多く出て大多数の者が死んだからである。諸神を鹿島に送ったのは、鹿島送りといわれる習俗で、病気の原因となる神を鹿島神宮（茨城県鹿嶋市）まで送ることによって、病気から逃れようとする対抗策であろう。神頼みするしか術はなかった。

武田信虎《のぶとら》は命禄《めいろく》元年（天文9年（1540））に西之海衆に対して古関（山梨県南巨摩《こま》郡身延町）の通行を免許している。命禄は「五月六月大雨降候。世中サンザンニ候」という中で、災厄を逃れようと弥勒にちなんだ私年号である。信虎が佐久郡海之口（南佐久郡南牧村）に対して出した伝馬に関する文書でも、この年号が使われている。

富士吉田市新屋《あらや》では流行病があると、ヤクビョウ神を題目堂の西の俣堀《ままぼり》（吉田橋）で追い出した。また、本栖《もとす》（南都留郡富士河口湖町）の疱瘡神送りは北の村はずれのキンサ様のところまで行き、送り出した。これらは鹿島送りにつながる思想で、流行病の原因になった神様を集落から追い出そうというものである。同じ行為が戦国時代にも行われている。

こうした食糧難の時代にあって、戦争の方法の一つが干殺《ひ》し（兵糧攻め）だったことも忘れてはならない。

天正《てんしょう》2年（1574）、織田信長父子が長島一揆を攻めた際、大鳥居（三重県桑名市長島町）・篠橋（同）の両城とも許してほしいと詫び言を申し出たにもかかわらず、聞き入れられず、干殺しにされた。夜の風雨に紛れて大鳥居に籠城していた者たちが城から退散したけれども、信長軍は男女千人ばかりを切り捨てた。

島中の数知れぬ男女・貴賤は、長島、屋長島（桑名市）、中江（同）の3カ所に逃げ込み、3カ月籠城したが、過半の者が飢え死にしている。長島に籠城していた者たちは詫び言を言って明け渡し、船に乗って退いたが、信長軍は鉄砲をそろえて彼らを撃ち、際限なく川へ切り捨てたことは、前述した通りである。

徳川家康は天正8年（１５８０）、武田勝頼《かつより》が遠州の高天神城（静岡県掛川市）に軍勢を抱えていたのを取り込んだ。籠城した者たちの過半数が餓死している。残党がこぼれ落ち、柵木を引き破って出てきた際は攻撃し、討ち取った首数は６８８にも及んだ。

災いへの対応

食物がなくなった時の対応はさまざまであるが、『勝山記』では、駿河富士郡（静岡県）より干した芋のからを買ってきたり、山に入って蕨の根を掘って澱粉《でんぷん》を取ったりなどしている。特に蕨の粉の持つ役割は大きかった。

永正15年（１５１８）の飢饉では蕨を9月まで掘ったが、そのような状態は翌年の5月まで続いた。蕨の根を掘る記載は天文3年（１５３４）、同20年にも見られる。このうち天文3年については『塩山向嶽禅庵小年代記』の同年の条に、「六月一日（１５３４年7月21日）、二日、三日、富士山大雪降」とあるので、時ならぬ寒さという気候異常によって農作物が被害を受け、飢饉になったようである。

宮本常一の『私の日本地図　上高地付近』によると、長野県南安曇郡奈川村（松本市）では昭和20年（１９４５）代頃まで冬中蕨の根を掘って蕨粉を作った。このために1日男は十貫（約37キロ）、女は八貫の蕨の根を掘った。蕨を掘ることは特別な事象のように思えるが、そうしたことがつい最近まで山村では日常生活としてあった。

岐阜県高山市にある飛驒民俗村・飛驒の里には、益田郡阿多野郷中洞村（高山市高根町）から移築された蕨粉小屋がある。飛驒の東部では米を作ることができず、稗《ひえ》を主食としており、豊富にある蕨の根を掘って澱粉を作り現金化して暮らしを立てていた。いくら蕨の根があっても蕨の澱粉の取り方を知らなければ食料にできない。こうした食生活は地域の文化であり、全ての日本人が米を食べていたわけではなかった。

和泉国日根荘《いずみひねのしょう》（大阪府泉佐野市）でも蕨粉を取って非常用の食料にしていた。『政基公旅引付《まさもとこうたびひきつけ》』の文亀《ぶんき》4年（1504）2月16日の条には以下のようにある。


前年に作物が実らなかったので百姓等が数多く餓死し、蕨を掘って命をつないだ。蕨粉は根をすりつぶして川の流れに浸し、一夜置いてから沈殿した粉を取っていた。それを連夜盗み取る者があった。命をつなぐ食物を失ったので、住民は命を支える術を無くした。このために番を置いて窺っていると、夜盗み取る者があった。犯人を追跡したところ、滝宮の第一の巫女《みこ》宅の内に入った。中を見ると、巫女と息子兄弟がいた。そこで母も子も三人とも、盗人として殺害された。（意訳）

同じ年、改元された後の永正元年（１５０４）３月18日の条によると、この年の飢饉は言語道断の状況だった。同月26日の条によれば、夜に蕨粉を盗む者があった。見つけて追いかけ、家内の二人の寡婦が犯人として殺害された。この他に17、18歳の男子、他の年少の子供、夜前にも６、７人が殺されたという。政基は「不憫《ふびん》であるが、盗人であるから仕方がない」（意訳）と書いている。

蕨粉を盗んだだけで犯人が殺害されるとは何とも残酷であるが、飢饉の中で命の糧を盗まれることがいかに切実な問題であったか伝わってくる。

『勝山記』によると、永正16年（１５４７）冬には、富士北麓地方の人は食物がなくなったため、駿河《するが》の富士郡へ往還して芋のから（里芋の茎を干した保存食）を買ってきて命を長らえた。同様の記載が大永３年（１５２３）にも見られる。享禄《きょうろく》５年（１５３２）には雑事《ぞうじ》（青物）がなくなったので、人々は野に出て山菜を摘み、天文13年（１５４４）には冬の飢饉を干葉《ほしば》（大根の葉を干した物）でしのいだという。

米を栽培できないところでは、稗や粟《あわ》、蕎麦《そば》など栽培し、雑穀などを食べていた。信州も

一面に花が咲く安曇野の蕎麦畑。成長が早く、痩せた土地でも育つ蕎麦は、米が取れないところでよく栽培された

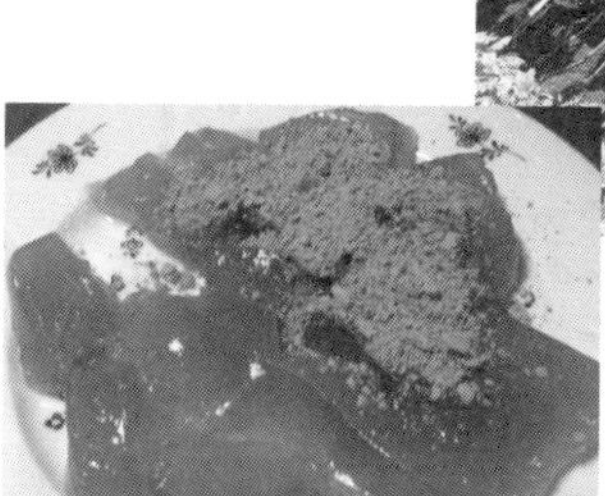

蕨の根から取った澱粉で作る蕨もち。飢饉の時は、干した里芋の茎なども食べた

多くの地で米が取れなかった。柏原《かしわばら》（上水内郡信濃町）出身の俳人小林一茶の句に「そば時や月の信濃の善光寺」がある。この句に代表されるように、信濃といえば蕎麦が有名である。

『勝山記』の天文17年（1548）の記載に「売買は米五升、粟一斗、大豆一斗、大麦一斗、蕎麦一斗二升」とある。蕎麦は売買の対象であり、値段は米の半分以下で粟や大豆、大麦よりも安く、民衆も買えただろう。蕎麦は昔から民衆の食べ物だったといえる。ちなみに、山村ではドングリの役割も大きく、長野県木曽郡王滝村ではその食文化を今に伝えている。

現代のように細く切った蕎麦は、当時「蕎麦切り」と呼ばれていた。蕎麦切りの存在が確認できる最も古い文献は、木曽郡大桑村須原にある定勝寺《じょうしょうじ》の記録である。同寺で天正2年（1574）初めに行われた建物修復工事完成に際し、寄進物一覧に「振舞《ふるまい》ソハキリ　金永」と記していて、木曽谷では戦国時代に蕎麦切りが食べられていたことがわかる。天正4年（1576）8月に定勝寺に出された寺役勤仕の請文《うけぶみ》には、「伐畠《きりはた》は桑の窪・夕屋の尾までは諸役申し付けまじきの事」とある。切畑とは山腹などを切り開いて作った畑で、作物は蕎麦が中心であった。

元禄《げんろく》10年（1697）頃に起筆された『塩尻』にも「甲州天目山《てんもくさん》（山梨県甲州市）へ参詣

の人が多かった時、住民が食物を売ったけれども、米や麦が少なかったので蕎麦を練って旅人の食糧に当て、その後うどんを学んで蕎麦切りにした」とあり、江戸時代に入ってからも蕎麦が米や麦の代わりであったことがわかる。

ルイス・フロイス『日本覚書』は「日本人の食事と飲酒の仕方について」で、戦国時代の食事について興味深い指摘をしている。その一部分を挙げてみよう。

・われらにおいては、果物はすべて熟した物を食べ、胡瓜《きゅうり》だけは未熟な物を食べる。日本人はすべての果物を未熟のまま食べ、胡瓜だけはすっかり黄色に変色した物を食べる。

・ヨーロッパの人たちが甘い物を喜ぶのと同じ程度に、日本人は塩辛い物を好む。

・ヨーロッパ人は、牝鶏や鶉、パイ、クリーム状ジェリーを好む。日本人は、野犬、鶴、大猿、猫、生の海藻を好む。

・われらにおいては、日常飲む水は冷たく澄んだ物でなければならない。日本人は、熱くなければならない。そして茶の粉を溶かし、これを竹の刷毛で撹拌《かくはん》せねばならぬ。
・われらは、食物にさまざまの薬味を加えて調理する。日本人は、それに味噌を用いる。これは米や腐敗した穀物を塩と混ぜた物である。
・われらは（食物からは）犬を遠ざけ、牛を食べる。彼らは牛を避け、薬と称してきれいに犬をたいらげる。
・われらにおいては、魚の腐敗した臓物は嫌悪すべき物とされる。日本人はそれを魚として用い、非常に喜ぶ。
・われらにおいては、フライにした魚を（馳走と）みなす。彼らはそれを好まず、海藻を揚げた物を（好む）。
・われらにおいては、動物が野菜の葉を食べて根を残す。日本では、1年のうちの数カ月は、貧しい人々が根を食べて葉を残す。
・ヨーロッパでは、猪（の肉）を煮て食べる。日本人はそれを薄く切って生で食べる。
・われらにおいては、食事の際に塩が不足していてもたいして不都合ではない。日本人は、塩がないと（身体が）浮腫《むく》んだり、病気になったりする。
・われらは、平素、彼らの汁を塩辛く思う。彼らは、われらのスープを塩気がないと思う。

・ポルトガルでは、塩を入れずに煮た米を下痢止めの薬として食べる。日本人にとっては、塩を入れずに煮た米は、われらにおいてのパンと同じく、平素の食物である。

日本人が塩辛い物や海藻を好むこと、魚の塩辛など興味深い指摘が並ぶ。特に目を引くのは肉食で、犬や鶴、猿、猫を食べると指摘している。また、猪の肉を生で食べるなどと記している。戦国時代、人は仏教を信仰していたので、肉食が少ないと思ったら大きな間違いである。飢饉の時は、こうした肉類も不足したのであろう。

災害への対応の中に、日照りが続いた際の雨乞《あまごい》がある。永正2年（1505）の雨乞の具体的な記載によれば「ウロ（洞）の水を祢宜《ねぎ》が取って、氷を置いたところ四、五日解けずにいて、解けた日に雨が降った」という。西湖《さいこ》の風穴《ふうけつ》（南都留郡富士河口湖町）、竜宮淺海《せのうみ》神社（同）のうろの水を枡にくんでまくと雨が降るという伝説がある。これは祢宜が風穴あるいは氷穴《ひょうけつ》の中に降りて、氷を持ってきて雨乞いをしたのであろう。風穴はあの世につながる場所であり、人間は雨を降らせることができないので、雨をもたらす行為を行う者として祢宜が社会的な役割を担っていた。

このような呪術的行為は、雨乞に限らず多くなされた。戦国時代に僧侶や神主などの宗教者が多いのは、このような役割を担う人々を社会が必要としていたからである。

文亀4年（1504）に「小林尾張入道が本主が塞いでいた船津《ふなつ》（富士河口湖町）の筒口（河口湖の水が出る口）を取り除いた」とある。前年の冬が日照りで、文亀4年2月まで照り通し、冬中雪が降らなかったので、地域全体が水不足に見舞われたからであろう。そうした中でわざわざ河口湖の水位を下げたのは、灌漑《かんがい》のためだと思われる。

水を引くということに関わって、天文2年（1533）には吉田の人々と渡辺庄左衛門《しょうざえもん》の水争いがあった。渡辺庄左衛門は名前から見て、地域の領主である。彼の水独占に民衆が対抗したようであるが、この背景に用水路の存在がある。用水路の建設に関連した記事は天文23年（1554）、弘治3年（1557）、永禄《えいろく》2年（1559）にも見られる。また弘治2年（1556）には小林尾張守貞親《おわりのかみさだちか》が井戸を掘っている。

用水路を造るような、いわば自然へ積極的に人間が働きかける記事は、時代が下がるほど事例が多くなる。鹿島送りや門松を2度立てるマジカル的な行為よりも、直接自然を改造していく行為の方が現代の我々に近い。とするならば、積極的に自然に手が加えられる画期としても戦国時代があったことになる。そしてこれは水田開発、食料増産へとつながっていく。

3　開発の時代

信玄堤と新田開発

戦国時代は、応仁の乱以降約100年に渡って続いた。授業や講演などの際、「戦乱の時代が100年も続いたら、人口や農耕地は増えるか」と質問すると、たいていの人は「戦乱が100年も続けば人口は減って、農耕地は放棄されて減るはずだ」と答える。戦争というと第一次世界大戦や第二次世界大戦が思い起こされ、その比較でこのように答えているように思う。

そこで、「もし人口が減って農耕地も減っていたのなら、なぜ100年も戦争の時代が続いたか」とたたみかけると、たいていの人が返事に窮する。戦争は全国至るところで常に行われていたわけではなく、全ての人が戦争に巻き込まれたのでもなかった。戦争を続けるためには、それを支える食料や人間がなくてはならないからである。

戦国時代の戦争は食料を求めての戦いという側面もあった。それならば、よそに攻めていかなくても農耕地を増やせば、それが一つの解決策になる。襲い来る災害や飢饉にもかかわらず、戦国時代を通じて農耕地は増え、人口も増加していた。

　戦国時代を代表する治水工事として、信玄堤はあまりにも有名である。平凡社の『日本史大事典』には飯田文彌によって、次のように説明されている。

　　武田信玄が釜無川《かまなしがわ》沿岸に構築した川除《かわよけ》用の堤防。山梨県中巨摩《なかこま》郡竜王《りゅうおう》町にある。御勅使川《みだいがわ》が釜無川に合流する地点は古来甲州第一の水難場で、甲府盆地西部に水災を及ぼしてきたが、信玄は一五四二年（天文《てんぶん》一一）頃から治水工事に着手、十数年の歳月を費やして完成させた。特色は、石積出《いしつみだし》と将棋頭《しょうぎがしら》という圭角《けいかく》の石堤を築いて御勅使川の水流を南北に二分し、その本流を釜無川浸食崖の高岩《たかいわ》（赤岩）にあたらせ、また十六石《じゅうろくいし》という巨石を配して水勢を減殺するという自然力を利用した工法で、さらに釜無川左岸には雁行《がんこう》状に配列した霞堤《かすみづつみ》を設けて大出水に備えたことにある。六〇年（永禄《えいろく》三）以降竜王の河原の開拓を計画して定住者を募り、棟別役《むなべちやく》免除の特権を与えるとともに水防の義務を課したが、これが竜王河原宿《かわらじゅく》（現竜王町竜王）の成立であ

戦国時代を代表する治水工事として知られる信玄堤（山梨県甲斐市）

御勅使川の流れを変えるための石積出（山梨県南アルプス市）

る。近世初期にかけて盆地低部の氾濫原《はんらんげん》に広く新田開発が進み農業生産力は増大、またその築堤技術は江戸時代には甲州流川除として知られた。

御勅使川はもともと、釜無川に合流して甲府盆地に流れ込んでいた。信玄堤は、石積出で御勅使川の流れを北側に向けて、将棋頭という石の構築物で分流させ、十六石で水勢をそいだ上で高岩にぶつけ、ここで合流させた釜無川の流れを南に向けて、甲府側に雁行状の堤を築いたという。この通りならば、大きな石を動かし、新たな堤防を築き、新たな河道も掘るという大変な土木事業である。そしてこの大地を掘ったり、土を動かしたり、石を動かしたりする技術は、そのまま山城造りの技術とつながる。社会に蓄積されていた技術を用いて治水も行われたのである。

実際このように行われたかどうかはともかくとして、戦国時代に各地で治水工事が行われたことは疑いない。水害が頻発したこの時代、戦国大名も地域の公の役割を負っていたので、治水などに意を注がなくては、領域民の安全を守る公的な側面が果たされず、領民の支持を失うからである。戦国大名が出てくるまでの小領主は自分の領地にしか力を発揮できなかったが、川や道は個人の領域だけでは完結しない。自分の領地内の治水をどれだけ行っても、上流の堤防が切れれば、何の意味もない。治水はそれぞれの領主の領域を越えて、広い範囲にわたっていってこそ意味がある。そうした発想によって治水を行い始めたのが戦国大名だった。信玄堤が築かれた場所にはそれぞれ領主がいたが、信玄が彼らの上に立って公的に治水を行ったところに意義がある。

こうしてみると信玄堤は、当時の自然大改造計画の一端を示している。中世人は、自然に手を入れることに大きな畏れを抱いていた。自然の大地を切り刻んで、人間にとって都合のよいように変えていくことで、中世人が抱いていた畏れは大きく後退していったであろう。ここに、自然に手を入れることを特別と思わない感情、いわば現代の自然に挑戦する文化に直結する動きが見られる。

信玄堤を築けるほどの技術を持ち、大規模に水の制御ができたのなら、当然新田開発も行われなければならない。

この時期、堤以外にも多くの堰が造られ、新田開発がなされた。これは信玄堤の建設と同一歩調で行われた。そしてこの背後には堰を掘ったり、水を引いたりする技術の進展があった。さらに鉄製農具の多量の使用も想起される。ということになれば、農民たちの富も増え、隷属する人たちも解放され、奴隷も減っていったことであろう。

後北条氏は相模《さがみ》・武蔵《むさし》の治水事業を起こし、数多の新田を開いた。北条氏邦《うじくに》は天正《てんしょう》年中

（1573〜93）に熊谷堤（埼玉県熊谷市）を築いた。戦国大名に関わりなくとも、新田開発は行われた。福島県の下台堰（喜多方市）は永禄9年（1556）に田付川から引水し、三十九町を灌漑した。群馬県の侍《まち》・矢場《やば》両堰（桐生市・太田市）は元亀《げんき》元年（1570）に竣工し、大谷原《おおやはら》（館林市）は天文年間（1532〜55）あるいは天正4年（1576）以降に開拓された。石川県の高松用水（かほく市）は、天正年間に新設され、約四百町歩を灌漑した。福井県の高椋《たかほこ》用水（坂井市）は享徳《きょうとく》2年（1453）にできたという。岐阜県の金廻《かなまわり》新田（海津市）は天正4年（1576）に起工し、天正9年に干拓工事が終わったとされる。静岡県の千貫樋《せんがんひ》（静岡市清水区）は、今川義元の老臣臨済寺の僧雪斎《せっさい》が天文末年に引いたようである。大阪府の阿闍利《あじゃり》池（和泉市）は、永禄年間に築造された。

戦国という戦いの時代を象徴する一つに城がある。この時代の城は姫路城や松本城のような石垣の上に天守閣《てんしゅかく》が建つものではない。その多くは山の上に築かれた山城であった。山城では山の上に兵士などが留まる平らな場所（郭《くるわ》）を確保し、これを守るために周囲には土の塀（土塁《どるい》）を配置し、その外側の斜面はできるだけ敵が登ってこられないように急にする（切岸《きりぎし》）。こうした土塁や切岸で守られた郭がいくつも設けられ、さらにこれらを守るために空堀《からぼり》が掘られた。中には戦国時代末期の城と思われる山家城《やまべじょう》（松本市）のように、地

山家城（松本市）の石垣と埴原城（同）の空堀。戦国時代、山城建設の技術は高いものがあった

松本城の正門、太鼓門の玄蕃石。横に置いた方が安定性がある巨石を、最も目立つところにわざわざ立てて配置し、築城者の権力を誇示している

域の技術によって高く石垣を積んだ例も見られる。

郭には兵士が籠もる小屋のような建物や周囲を見る望楼《ぼうろう》や櫓《やぐら》などが建設されていたが、建築物は江戸時代の城ほど立派ではなかった。基本的には大地を動かした堀や郭・土塁・切岸こそが山城だった。そしてこの自然の大地に手を加えることを当時の人たちは普請《ふしん》と呼んでいた。

山城はそれを造った権力の大小、目的や場所、築かれた時期などによって甚だしく規模が異なる。戦国大名が拠点にするために築いた城だと1キロ四方にも及び、全山が丸ごと要塞《ようさい》になっている場合もある。逆に村人が設けたと思われる山城だと、郭が山の頂上に設けられ、周囲に小さな土塁が設けられただけである。中世の山城は集落ごとという割合で存在した。極端な話、目に付く山という山にはほとんど山城が設けられていた。

ところで、近世のお城はなぜあれほど立派な石垣の上に立っているのだろうか。石垣は堅固で、敵が登りにくいが、近世の城の全てが石垣の上に築かれているわけではない。高遠城（伊那市高遠町）のように中世と同じく石垣を持たず堀切と土塁の上に建物が築かれている城もある。石垣がなくとも建物は建ち、投下する人足の量などからしたら、石垣は必ずしも効率的とはいえない。石垣には建築物を支える以上に視覚的に他人を威圧する役割が大きい。城は権力の象徴として、視覚的に領民や敵を威圧していた。

戦国大名が築いた山城にも見せる効果があった。緑なす耕地や山の間に、郭で平坦にされた、堀切で切り刻まれた、山城の土の色が遠くからでも見えたはずである。まさに緑なす山々に人の手が加えられていったのである。多くの山城が見える形で築かれたことによって、大地に手を入れる畏《おそ》れは後退していった。

院内って何？

院内《いんない》という言葉をご存じだろうか。辞書によれば「陰陽師《おんみょうじ》」と同じだという。

私が最初に院内に興味を持ったのは、武田勝頼が天正2年（1574）に出した文書に「駿州山西（静岡県焼津市・藤枝市・島田市）の院内に郷次《ごうなみ》の普請役を免許」と記載されているのを見た時であった。武田氏は、道などの普請の際、集落（村・郷）から普請のために人夫を何人出せという命令を出した。集落は自治権を持っていたので、「今日は誰が行ってくれ」などと自分たちで人足を決定した。その際、職人は技能を持って領主に仕えるので、集落の動員から除かれる。従って、普請役の免除は特殊な技能を持って領主に奉公している職人の家か、百姓で戦争において特別な働きをした者に対して与えられる。勝頼が「院内に郷次の普請役」を免除したのは、「院内」という職業のゆえだと理解した。

徳川家康も天正14年（1586）に「駿州中の院内に郷次の普請役等を免許」とする文書

を出した。この文書では院内を「駿州声聞士《しょうもんじ》」とも書いている。

山内一豊《やまのうちかずとよ》は慶長《けいちょう》5年（１６００）3月に遠江《とおとうみ》の院内に諸役免許を行った。諸役免許は、先程の普請役免許と同じである。宝永《ほうえい》7年（１７１０）に院内村（静岡県周智郡森町）の庄屋や組頭が出した証文によれば、「院内（自分たちの村）は、村高十三石余りのところ、これは先年、山内対馬守《つしまのかみ》（一豊）様御在城のみぎり、仰せ付けられ候修験《しゅげん》ども、開発つかまつり候」という。院内村を開発したのは修験者たちだといっている。名前からして修験は院内にあたる。遠江の史料から、院内と呼ばれる人たちは声聞士とも呼ばれ、陰陽師であり修験者だった。

江戸時代の文化《ぶんか》14年（１８１７）、愛知県宝飯《ほい》郡小坂井町（豊川市小坂井町）宿の村が寺社奉行に差し出した「年始万歳《まんざい》」という文書に、「江戸下りの者十三人、遠州・駿州に出る者七人、三州ばかりを回る者八人」と書いてある。宿村は村域内中島を別称院内村あるいは博士《はかせ》村という。地名からすると、中島は川の真ん中のような場所であろうか、ここにあった村を別称で院内村、博士村と呼んだ。

この地の人たちは三河《みかわ》万歳を職業にする者が多く、その中には江戸へ行く者が13人、遠州・駿州に出る者が7人、三河だけを回る者が8人いた。愛知県蒲郡市金平町戸金について民俗学者の早川孝太郎は、「神楽《かぐら》役者のことを博士または博士衆と呼ぶ。博士は陰陽道からきた呼称で、徳川時代は京都土御門家《つちみかどけ》の支配を受け、年々免許状を受けてきた。祖先の渡辺勘太夫という法印（僧・院内）は、文武《もんむ》天皇の代に水もちがよくない池を改修したので、夫役租税免許になったという」と説明している。院内の仕事の一つは、水もちがよくない池を改修、つまり土木工事に関係していたことになる。

文政《ぶんせい》元年（１８１８）の文書でも院内の仕事に触れ、武田信玄・今川義元が駿河《するが》を治めていた天文年中「今川様御在城の砌《みぎり》、御城の地祭《じまつり》、御台所の竈《かまど》御清め御用等、仰せ付けられ候」と記述している。院内・声聞士と呼ばれる人たちは、今川義元の時代に地祭つまり地鎮祭や台所のかまどを清める仕事をしていた。

愛知県東海市養父《やぶ》町の旧藪《やぶ》村からは多くの黒鍬《くろくわ》が出た。黒鍬というのは普請技術者、土木工事の技術者である。三河で法印が水もちのよくない池を改修したことに触れたが、これも土を動かす黒鍬の仕事と言える。

これまで挙げた事例を見ると、遠江の場合は修験道が土地を開発し、戸金では院内が水もちの悪い池を改修したことがわかる。院内・陰陽師・博士・万歳と呼ばれる人たちは、自然の土地を変更する、大地に手を加えることに関係する仕事をしていた。

築城に際して最も大変なのは、土台を築くことである。堀を掘ったり石垣を築いたりするなどの普請に対し、天守閣《てんしゅかく》や建物を造ることは「作事《さくじ》」という。普請は自然の大地に手を加える仕事であり、簡単なことではなかった。

現在、私たちは機械を使って簡単に自然に手を加えているが、中世の人にとって自然の大地は、本来人間が手を加えていけないタブーの地だった。大地を治めているのは神様である。今でも地鎮祭を行うが、中世には神様に大地に手を加える許可を得られる人がいないと、城の普請はできなかった。院内などと呼ばれる特殊な能力を持つとされた人々がその役割を負ったのである。


長野県の中にも「印内」の地名がある。佐久市望月町の印内は、昔、月輪寺があった地で、栄えている時は院内町と言っていた。『佐久口碑伝説州　北佐久編』によると、月輪寺が焼かれて荒れ果ててしまった後、現在の村の北方にあった民家が移って集落を作り、院の字をやめて印内になったという。

伝説によれば、月輪寺という36坊の備わった大きな寺があった。広大な寺領と多くの僧兵を擁して、勢力が非常に強大だった。後に織田信長の家臣の滝川一益が小諸城代となって、月輪寺の寺領を没収し、36坊を焼いた。経塚はその時の僧正が宝物を惜しんで、御牧原の原頭に埋めたものだという。月輪寺という大きな寺院の院内だというが、前述のような院内がいた可能性も残る。

『甲陽軍鑑《こうようぐんかん》』によれば、武田信玄は近江《おうみ》国石寺（滋賀県近江八幡市）の博士を使っていた。陰陽師として最も有名な安倍晴明《あべのせいめい》の流れをくみ、特に判・花押《かおう》を見て占いをした。そこで「判の兵庫」と名乗っていた。信玄は、永禄12年（1569）から翌年まで天に煙の出る星（彗星《すいせい》）が出たため、判の兵庫にこの客星の吉凶を占わせた。

信玄が信州北部で重要な城として築いたのは海津城（長野市松代）、次いで長沼城（長野市長沼）だった。長沼城は千曲川沿いにあって、水害の被害を受けやすい場所に築かれた。信玄は普請中に水害の被害を受けないように、判の兵庫に百貫の土地を与えて戸隠（長野市）で祈らせたという。博士である判の兵庫の役割は、水害が起きないように祈ることだった。

職人と芸能人

鍋や釜、梵鐘《ぼんしょう》などの鋳物を作る職人を、鋳物師《いもじ》という。

江戸時代、全国の鋳物師の多くは下級公家である真継《まつぎ》家の支配を受け、「裏菊の紋」を使い、自ら特別な職種だと意識していた。江戸時代中期以降、鋳物師たちはことあるごとに朝廷に伺候《しこう》した。各地の鋳物師の末裔とされる家には、先祖が朝廷に行った際に用いたという着物や、献上した灯籠《とうろう》と同じ物、あるいは菊の紋の旗などが残っている。『鋳物師由緒書《ゆいしょがき》』によると、鋳物は毘氏《ふし》が器物に入った水が凍ったのを見て、土で形を作り、金銅を湯としたのに始まる。天竺《てんじく》（インド）・震旦《しんたん》（中国）・日本の三国伝来の容器である。日本では、天児屋根命《あめのこやねのみこと》が初めて鋳物を使用し、和銅《わどう》年中（７０８〜７１５）から広く鋳物の鍋釜を用いるようになったという。

仁平《にんぴょう》年中（１１５１〜５４）のこと、毎夜、深夜に悪風が吹き、禁内の灯火が消えた。この頃、天皇が病気になったので、高貴な僧を召して祈らせたが効果がなかった。そこで御《お》蔵民部大丞《くらみんぶだいじょう》紀元弘《きのもとひろ》が、領内である河内《かわち》国丹南郡（大阪府松原市）の鋳物師天命某《なにがし》を連れて鉄燈爐《とうろ》を献上した。悪風もこの灯火を消すことはできず、朝廷は鉄燈爐１０８基を鋳物で作るように命じた。この燈爐の光によって天皇の病気も平癒《へいゆ》したという。

鋳物師が天皇家と結び付いた理由は、本来ならば抵抗できない悪風に対して鋳物師たちが作った燈爐は効力を発揮し、暗闇を明るくする光を統御したので天皇の病気が治ったからだという。この御蔵紀氏の流れを継いだのが、江戸時代に鋳物師を支配した真継家である。

由緒には人間と仏の中間に立つ聖なる僧よりも、普通の人が扱えないドロドロに溶けた鉄を処理できる鋳物師の方が力を持っていたとの主張がある。そのため当時の人々は、鋳物師を神々と人間の間に位置する特別な人間として見ていたと思われる。民俗学者の柳田國男は、各地に伝わる炭焼き小五郎の伝説(「炭焼き小五郎が事」『海南小記』)を、鋳物師が伝えたのではないかとした。彼らは村人から見れば特殊な力を持っていた。

中世の鋳物師は河内《かわち》国の者たちが有名で、時代とともに各地に定住していった。鋳物師は漂泊《ひょうはく》する職人の代表だったが、戦国時代までにほぼ全国に定住した。信州に最初の鋳物師が定住するのは戦国時代の佐久市岩村田である。その後、上田、松本に定住し、その子孫たちが方々へ出かけていってその地に住み着くようになった。全国的に見るならば、戦国時代に鋳物師が定住するようになった地域は多い。そして真継家が各地の鋳物師を支配するために活動を始めたのも戦国時代であった。

『河原巻物《かわらまきもの》』というのは、江戸時代の「弾左衛門《だんざえもん》由緒書」、二十八座の手下支配を記した「頼朝《よりとも》公御判物」をはじめ、全国各地の被差別部落に伝わる由緒書や偽文書《ぎもんじょ》の総称である。盛田嘉徳《もりたよしのり》の『河原巻物』には、「弾左衛門由緒書」「頼朝卿御朱印」という文書が載っている。「弾左衛門由緒書」は江戸時代に関東の穢多《えた》頭であった弾左衛門が、自分の手下となるべき職業を挙げており、江戸時代に差別の対象になった職業一覧としての側面がある。その職業は以下のようになる。

長吏《ちょうり》・座頭・舞々《まいまい》・猿楽・陰陽師・壁塗・土偶作《でくつくり》・鋳物師・辻目暗《つじめくら》・非人・猿曳《さるひき》・鉢《はち》叩《たたき》・弦差《つるさし》・石切・土器師《かわらけし》・放下師《ほうかし》・笠縫・渡守《わたしもり》・山守・青屋《あおや》・坪立・筆結・墨師・関守・鉦打《かねうち》・獅子舞・蓑作・傀儡《くぐつ》師・傾城屋《けいせいや》

驚いたことに、古代や中世では朝廷とも関係していた「鋳物師」や、土御門家によって支配されていた「陰陽師」も、弾左衛門は自分の配下だと主張している。

「長吏」は穢多身分である。「舞々」は神様を鎮める役目を担っていた。陰陽師は院内のことでもある。全体として職業を見ると、職人・芸能人が多い。生命と関係した仕事、神に関係した仕事をする人も多数いる。さらに、各地を動き回る可能性の高い職業が入っている。鋳物師は普通の人が持っていない技術を有し、他所から来た人、移動する人ということで、村に定住した人たちからは、特別な人として意識された。

中世や近世において髷《まげ》は身分の象徴だった。江戸時代、少なくとも丁髷《ちょんまげ》は身分証書としての役割を持ち、髪を結うことは社会構成員の最低条件だった。〝身分外〟の人は髷を結わずに断髪しなくてはいけなかった。身分外で一番典型的なのは僧侶・神主・医師であるが、彼

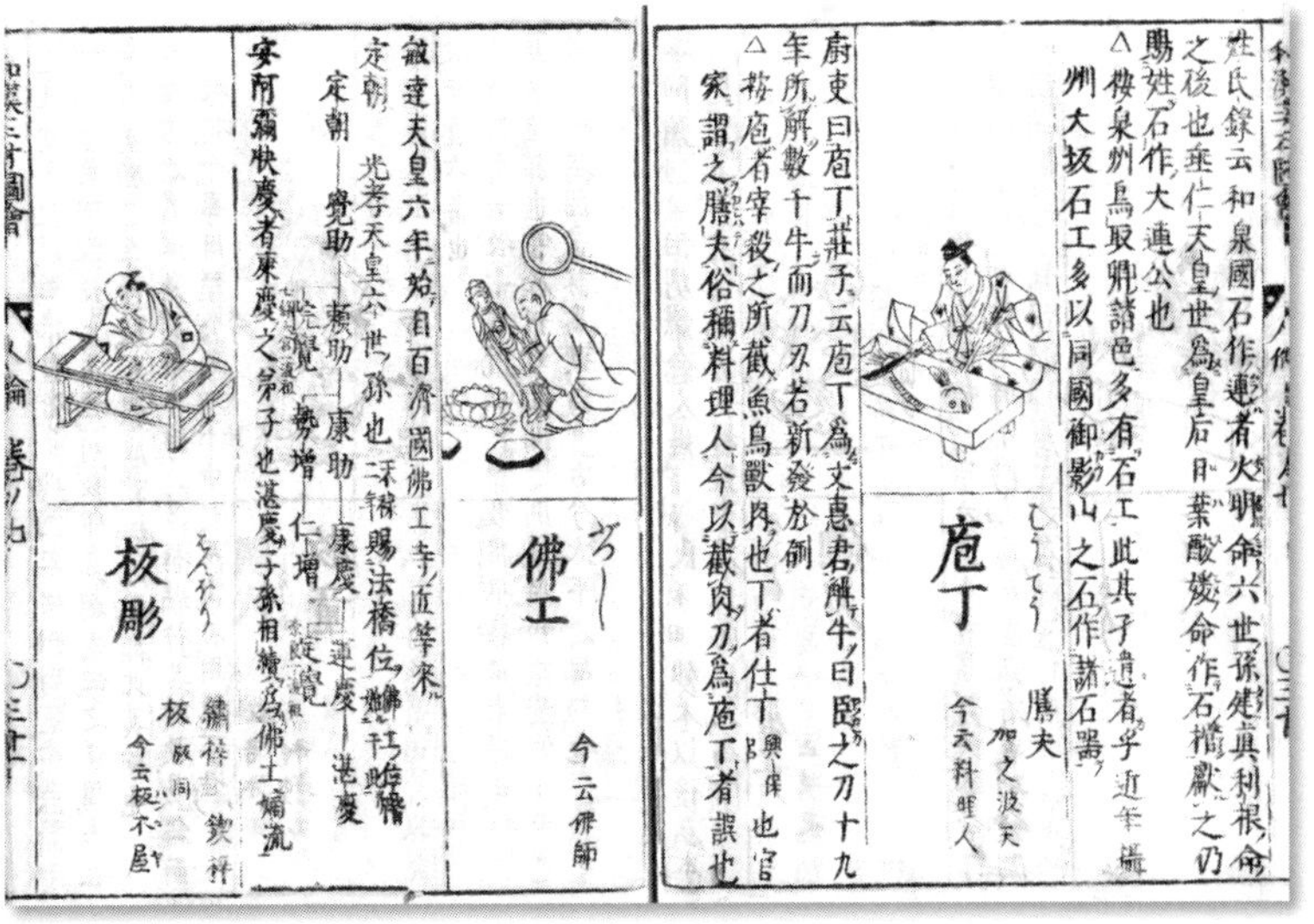

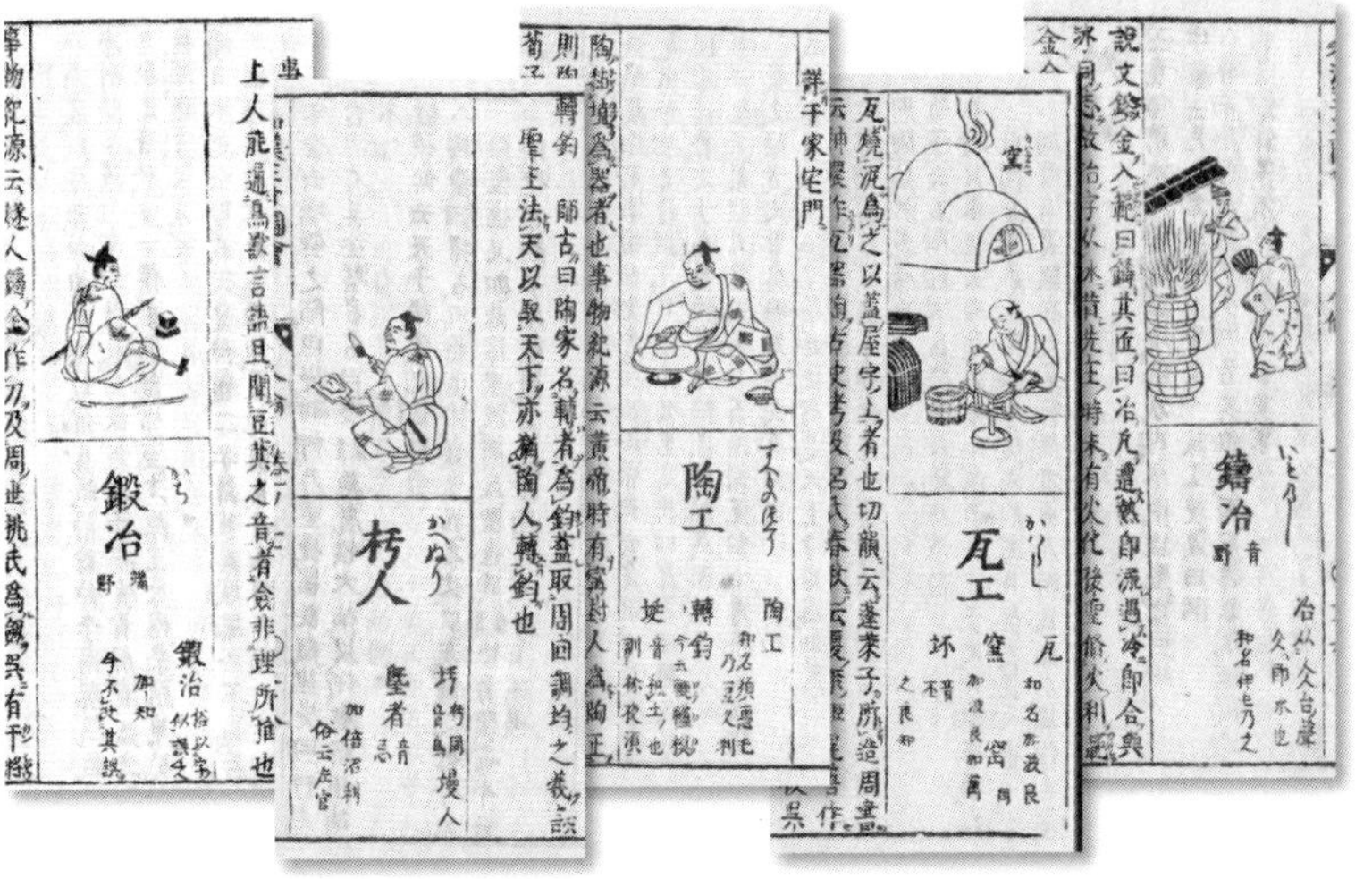

江戸時代中期に寺島良安が編纂した日本の百科事典『和漢三才図会』に描かれた職人たち（いずれも国立国会図書館蔵）

らは原則として放髪もしくは剃髪《ていはつ》している。医師も差別の対象になる職業だったのである。

　将軍の脈は将軍と接触して取らなければならないが、身分制があると同じ身分の人しか触ることができない。脈を取ることは人の命に関わるが、人の命は本来神が司るので、陰陽師のような人間と神の中間に位置する人のみが携われた。彼らの身分は身分外である。将軍の脈を取っている医師も同様で、人間と神の間にあって、本来の人間の身分を超えているからこそ、将軍の脈も取れたのではないだろうか。部落に薬を扱う人が多かったのも、神と人間の中間に位置する能力の持ち主という側面があったからである。

　乞食は、江戸時代もさげすまれているが、かつては社会における大事な役目を担っていた。長野市信州新町の民俗資料館に小さな俵のような物が展示されていた。説明には、「昔、乞食が来て、俵を家の中に投げ込んだ。投げ込まれた家ではその中にお金を入れて投げ返した」とあった。呪術的な能力を持った乞食が俵で象徴される福を投げ込み、投げ込まれた家では福をくれたお礼としてお金を入れて返していた。現在の私たちの目には見えない意味での祝福を乞食（あるいは芸人）が行い、祝福された家ではそのお礼にお金を返したわけで、両者はギブアンドテイクの関係だった。

　昔も今も、職人とは自然のままでは役に立たない物に手を加え、人にとって有用な物に作り替える人たちのことである。

職人の代表ともいえる大工は、そのままでは使えない木をさまざまに加工して家を造る。船大工は船を造り、船は船魂《ふなだま》様を込めてから使われる。職人たちは、自分たちが作り出した物に新たな生命を与える能力を持つ人ともいえる。

土器師は、『河原巻物』にも姿を見せる。近辺にある土は、物を盛ったりする道具としての役割を負えないが、土器師が粘土を加工し、焼くことによって、今までの土とは違う性質を作り出し、新たな命を持たせて初めて土器の意味を持つ。

革多《かわた》も同様である。死んだ牛や馬を放置すると腐ってしまい、皮として使うことができない。職人が皮をなめし、それをさまざまな物に加工して初めて皮革としての役割を果たす。しかも、皮革は牛馬の死を前提にしないと扱えない。その意味では動物の死を契機に人間に有用なものをこしらえるわけで、動物の生命を司るのが神だとするなら、彼らもまた神と人間の間に立つといえる。

近世で差別された人たちも、中世ではあの世とこの世の接点に立ち、神様に対する働きかけができると考えられていた。この章の初めでも触れたように、集落の中に災いをもたらすのは悪神が原因だとされた。各集落は、道で他の地域と結ばれるので、災いは集落の入口から入ってくると考えられた。そのため集落の周辺、出入口に道祖神や神社が置かれた。平和な村に災いをもたらす悪霊・悪神を追い返すために、こうした場所で神が集落を守っていたのである。

差別された人たちが村の入口などに住んだのも、悪い災いの神に対抗できる、神と人間の中間に位置する特殊な能力を持つ人たちだと理解されたからである。堤防など川の近くに住んだのも同様で、堤防を壊すのは自然や大地を司る神で、それを治めることができるのは人間と神の中間に位置する河原者《かわらもの》しかなかった。村に混乱をもたらす外部の者に対抗できるのも、長吏しかないと認識されていた。

近世になると、長吏は単に刑吏の手先と受け止められるようになる。中世の人々にとって畏怖の対象だった職業が、近世には卑しい人・賤民になっていった。戦国時代が経過すると、聖なる人、特殊能力を持つ人として怖れを感じていた人たちに対する怖れの意識は減っていった。畏怖の対象でなくなると、こうした職業の者は、一気に聖なる人から転落して差別の対象になってしまったのである。

長野県大町市の仁科神明宮や安曇野市の穂高神社などの遷宮祭は深夜の闇の中で行われる。新野《にいの》の雪祭（下伊那郡阿南町）のように古くからの伝統を引く祭も夜に行われる。闇が支配する夜は神が活動する時なので、そこへ神を呼び出して慰め、鎮めたのである。中世に芸能を担った職人は、神と人の中間に位置し、神を慰め、楽しませるために、奉職した。しかし、現在の祭は神に捧げるという以上に、人間の楽しみになっており、芸をする人も人間のために行っている。ここにも日本人の意識の大きな転換が見られる。

かつて琉球《りゅうきゅう》には、「尾類《ずり》」と称する遊女がいた。彼女たちはもともと、御姉妹部《おみなりべ》（王女）であると言っていた。一種の神を祭り、廓内《くるわ》一切の世話を焼く女性の長老を「杜前《もりまえ》」と呼んでいたこと、老妓などが巫女同様に世間から尊敬されたことなどからして、彼女たちは神に仕える巫女と売娼婦とを兼ねていた。従って、遊女は神と人の中間としての側面を持つと同時に、自ら首里《しゅり》王府との関係を語ったのである。

「弾左衛門由緒書」で弾左衛門は、「傾城（遊女）屋」が配下にあると主張している。戦国時代に日本の傾城の総元締めをしていたのは、公家の中でも最上位の摂家に次ぐ家格を持つ清華《せいが》家七家のうちの久我《こが》家だった。公家の支配を受けるという意味では、娼婦も聖なる職種である。娼婦というと卑しい仕事に思われがちだが、それが最も聖なる人である王や公家と結び付いていた。祭の時に差別された人が前面に出てくるのは、彼らがかつて有していた聖なる側面が生きているからである。

弾左衛門は、「辻目暗」も配下だと主張している。盲人の座である当道座《とうどうざ》には、仁明《にんみょう》天皇（在位８３３～５０）の第四皇子人康《さねやす》親王をもって祖神とする伝説があった。彼らも天皇とのつながりを主張した。近世に当道座を支配したのは、傾城を支配した久我家だが、支配の実態が見えるのは戦国時代からである。

天皇との関わりが強いことで有名なのは、木地師《きじし》である。彼らの間には文徳《もんとく》天皇（在位850〜58）の第一皇子だった惟喬《これたか》親王が、轆轤《ろくろ》の使い方を教えたので、木地師は惟喬親王を祖神とするとの伝承がある。近世には公家の白川神祇伯《じんぎはく》家と吉田神道家が、木地師支配のバックとして存在した。木地師たちはその墓に天皇とのつながりを意識して菊紋を付けることがあり、そうした墓が長野県辰野町にも残っている。

戦国大名が国を単位として領国を形成し、その中に強い支配権を持ち始めると、職人たちは戦国大名の上にあり、領国を越えて機能した天皇権威と結び付くことで、広い活動域を持ちたいと願った。鋳物師や木地師などの移動性の強い職人は、戦国大名の領国の中に閉じこもって仕事をするわけにはいかなかったからである。彼らは、これまで書いてきたように、神と人間の間に位置するような機能を持っていた。そのため、聖なる人としての天皇と結び付くことも奇異ではなかったのであろう。

戦国時代、神と人の間に立つ聖なる能力を持つ職人という意識は、徐々に消えていった。しかし、そのような時に自らの活動域を主張するため、天皇との関係を強調する職人がたくさん出てきたことは興味深い。それが、あの世とこの世の間に立つ職人たちの戦国大名への対抗策でもあった。

金属生産と自然破壊

鉱山が開発され、金・銀・銅などが飛躍的に生産量を伸ばしたのも戦国時代であった。17世紀前半における日本の産金量は、世界的にも1位、2位を争った。その背後を技術の進歩が後押ししていた。

注目したいのはこの時代、地下に向けて坑道掘りの技術が進んだことである。金はそれまで砂金を採取するか、地表に露出している鉱石から採取するしか手段がなかった。多くの場合、河原で砂金を捜し、次第に砂金が上流から流れてくることを知り、やがてその源を探り当て、地表から地下に向かって井戸のように穴を開けて金を採取していた。戦国時代に垂直だけでなく水平にも坑道を掘るようになった。

戦国大名のもとで戦争に参加した金掘衆は、地下から攻撃したり、水の手を切ったりした。これができたのは坑道掘りの技術があったからである。坑道掘りにはまず、多量の鉄製用具が必要だった。また、地中で方位を立てて掘削する技術もなくてはならなかった。さらに、坑道には大量の湧き水が出る場合があるので、これを外に出す排水坑や、新鮮な空気を確保する換気坑も必要になる。排水坑には地底の水を地上に上げるポンプアップの技術を欠くことができない。これらの技術が総体となって坑道掘りが進んだ。甲斐《かい》の黒川金山（山梨県甲州市）は戦国時代を代表する金山であるが、甲斐はまた信玄堤で有名でもある。鉱山の技術は治水にも応用されたであろう。

製錬技術も発展した。この時代に金・銀鉱石の精錬に用いられた新技術は灰吹き法だった。その発端となったのは、博多の商人、神谷寿禎《かみやじゅてい》である。

永正《えいしょう》・大永《たいえい》（１５０４〜２８）頃、神谷が中国から学んできて、石見《いわみ》の大森銀山（島根県大田市）に応用したのは、銀鉱石に鉛を加えて、大床と呼ぶ土の炉で溶かし、鉱石に混じる余計なものを除いて水を掛け、銀を含んだ鉛にしたものを小床で溶かし、灰を加えて鉛を吸い込ませ、銀だけを取り出すという技術だった。金もこの方法で取り出した。また、甲府城下町などでは土器を用いた簡単な精錬も行われていた。

日明貿易では日本の輸出品として銅があった。銅山は応永《おうえい》年間（１３９４〜１４２８）に備中《びっちゅう》の吉岡銅山（高梁市）、永享《えいきょう》年間（１４２９〜４１）に石見の銅ヶ丸銅山（島根県邑智郡川本町）が産銅額を増加させたと言われる。出雲《いずも》の鷺山《さぎやま》銅山（島根県出雲市）は大永年間に開削された。こうした中で、文亀《ぶんき》・永正年間（１５０１〜２１）に、摂津《せっつ》山下村（兵庫県川西市）の銅屋新左衛門によって、山下吹きという新たな銅の精錬法が創案され、精錬の時間と経費が著しく節約できるようになった。

大地に穴を開ける鉱山開発は、自然に対する大きな挑戦という側面も持ち、鉱山では自然景観が変えられていった。このことを通じて、院内や陰陽師に対する畏怖は後退していったのである。

また、自然に人間が働きかけた背後に鉄製工具の大量使用があった。粘土製の製鉄鑪《たたら》は室町時代に中国地方一帯に普及し、それまでの野鑪よりも鉄の生産性を上げた。この時代、戦国動乱に伴う鉄製武器、城下町や城に関わる鉄製建築具、鉱山開発などの鉄製工具など、急激に鉄の需要が伸びたのである。

需要が伸びれば、生産方法もそれに応じて技術革新を迫られる。戦国時代の鉄産地として中国地方の山間地が有名だが、ここは良質の砂鉄を産出した。砂鉄を含む崖などを崩し、それを水で流して比重の高い良質の砂鉄を沈殿させることによって、大量に砂鉄が用意されるようになった。さらに炉に酸素を送る鞴《ふいご》には踏み鞴が用いられ、大型の鑪にも対応が可能になった。大型の鑪を築くためには炉底をいかに乾燥させるかが問題であるが、これも次第に技術が確立してきた。刀剣関係の書籍によると天文年間（１５３２～５５）頃に、鉄を吹く方法が一変したという。間違いなくこの時期、鉄の生産量が上がっていった。

砂鉄を取るために大量の土を川に流した。また鉄を溶かす炭を焼くのには大量の木々が切られた。鉄生産の上昇の陰で、自然破壊が進んでいった。

金を掘る人に対しても、さまざまな意識があった。

山梨県甲州市にあった黒川金山は戦国時代の最も有名な金山で、中山金山（山梨県南巨摩郡身延町）とともに「甲斐金山遺跡」として国の史跡に指定されている。ここで金を掘った「金山衆」の子孫は今も市内に多く住み、名家に数えられている。その子孫の屋敷は100メートル四方もあり、中世の土豪の様相を伝える。中山金山の一つ、湯之奥《ゆのおく》金山（同）について調べると、「金山下り」という言葉が出てくる。「金山下り」の人は差別の対象になっていた。長野県佐久市の五郎兵衛新田を開発した市川五郎兵衛も金山衆だったといわれるが、五郎兵衛新田の住民の中には江戸時代に差別された者もあった。

同じように金山に関係しても、金山衆は尊敬され、一方の金山下りは差別の対象になったのはなぜだろうか。

金山衆は農業も商業も行う土豪であり、経営者だったのに対して、金山下りは金山衆のもとで、直接坑道に入って穴を掘っていた者たちである。

中世の人たちにとって、神や霊が住む大地に穴を開けることは畏れを伴うことであった。そのため、特別な能力を持つ者が行うべき行為であり、陰陽師のような人が必要だった。陰陽師が神に連絡を取って慰撫《いぶ》してくれるから、城の普請も安心してできたのである。

黒川金山（山梨県甲州市）の坑道跡

石見銀山（島根県大田市）の釜屋間歩遺跡

黒川金山衆の中心をなした田辺家の先祖は、紀州熊野の出身だと伝えられている。熊野といえば熊野三山の修験で有名であり、田辺家自らもそのことを強調しているので、本来修験者だったのだろう。金は大地に穴を開けないと掘れないが、修験者ならば神と人の間に立つ職業なので、神から罰は受けないと解釈されたのであろう。

黒川金山の近くの集落に、「春駒《はるこま》」という芸能が伝わっている。黒川金山とも深いつながりを持つ佐渡金山（新潟県佐渡市）にも春駒がある。このような芸能は、本来大地に穴を掘る時に神様を慰撫する、獅子舞《ししまい》や万歳と同じ、神に捧げる意味を持っていたのではないだろうか。自然の大地に穴を掘ることは、一般の人間がやってはいけない行為と意識されていたので、金を掘るには神を慰撫することが必要だった。

ところで、峠の上、トンネルの中、川や井戸のそばの柳の下、お墓などには幽霊が出るとされている。こうした場所を日本人はあの世とこの世の接点として意識し続けてきた。

このうちトンネルは、こちらの世界とあちらの世界という、違う世界を結び付ける通路である。人間は土の中でも、水の中でも、空中でも生きていられない。土の中は死んでから行くところである。トンネルは自分たちの世界と違う土の中のあの世を通らねばならない。あの世とこの世の接点を土の中とするならば、あの世の住人である幽霊がトンネルに出るのは当然である。峠もやはり二つの世界を結ぶ場所である。

井戸も同じ性格を持つ。井戸の水は聖なるもので、人間は湧水量を支配することはできない。しかも水は、大地に穴を開けることによって得ることが多い。

吉田兼見は元亀3年（1572）、「河原者」に井戸の石を積ませた。『部落史用語辞典』で脇田修は井戸掘りについて、「中世、河原者の職種の一つ。河原者は河原に住んでいたため、生活の必要から治水などの技術を持っていた。そこから発展して造園・石垣造りの仕事に携わったが、井戸掘りも彼らの仕事になっていた。（中略）近世初期にはなお、河原者が井戸掘りに携わっていたが、その後はこの職業から徐々に排除された」と説明している。

この記載は差別の歴史説明と重なるが、彼らはあの世とこの世を結び付ける特殊な技能を持つ者として井戸掘りを行っていたといえる。井戸は社会のどこにも必要でありながら、誰でも掘れるわけでなく、特殊な技能を持った人たちに依頼しなければならない。中世では、弘法大師に象徴される聖なる人が井戸を掘ると意識されていた。弘法大師には井戸や水についての伝説が多いが、これは弘法大師が人間が持っていない不思議な力を有し、神と人間の中間に立っていたという意識から出発している。

室町時代、河原者は庭園も造った。本来、庭は神と人間が接触する聖なる空間と考えられた。しかも、庭は儀礼を行う聖なる公の場でもある。そうした場を造るのが河原者だったことは、彼らが単純に賤視されていなかったことを示す。河原者と呼ばれたのは、彼らが神と人間の中間に位置する能力を持っているがゆえに、河原に住んでも水害にも対応できる力を持つと信じられていたからであろう。

つまり、河原に住むことを余儀なくされたため、生活の必要から治水の技術を持ったのではなく、河原者はそういう特殊な能力を持っていると社会が理解していたのである。彼らもその力を示すために、自ら河原に住むことがあった。必ずしも権力者によって劣悪な場所に住まわされたわけではない。ところが「近世初期には、なお河原者が井戸掘りに携わっていたが、その後はこの職業から徐々に排除された」と、時代とともに河原者でなくても井戸が掘れるようになっていった。

戦国時代は歴史上、異様なまでに開発の時代であった。ほとんどの山に城が築かれ、各地に城下町が開かれ、新田開発、金山や銀山の開発が行われた。

この大開発の時代には、陰陽師のような特別な人だけが開発に携わっていたのでは間に合わず、普通の人でも参加しなければならなかった。その結果、誰が大地を改変しても祟りは起きないとの意識がわき上がった。この側面でも戦国の時代は、神仏に対する畏れが少なくなっていく時代だったといえる。

終章

現代に続く戦国時代の課題

多様な時代観

戦国時代は、15世紀末から16世紀末にかけての戦乱が頻発した時代である。室町幕府の権威低下に伴い、守護大名に代わって武田信玄や上杉謙信などの戦国大名が台頭した時代といえば理解しやすいだろう。

戦国大名のイメージは、テレビや映画などで映える華やかさ、戦乱をいかに生き抜いたかなどの本人の信念や哲学など、ある種の心地よさだけが前面に出がちである。同時に戦国時代を示すハイライトとして合戦が取り上げられ、代表的な合戦の一つとして川中島合戦が挙げられることが多い。戦争の実態には目もくれず、軍学書である『甲陽軍鑑《こうようぐんかん》』にしたがって「きつつきの戦法」や「鶴翼《かくよく》の陣」、「車掛《がか》りの陣」といった作戦論、陣形論に焦点が絞られ、あるいは信玄と謙信の一騎打ちに重きが置かれがちである。

華々しく戦う信玄と謙信の陰で、多くの人の命が奪われた。NHKの大河ドラマは、あくまでドラマであるにもかかわらず史実と混同されている。時代考証などで学者の名前を挙げることによって、一般視聴者は事実だとの思いを強くしているようである。この二人が華々しかったかどうかは疑問であるが、実際の戦争で命を失っていった一人一人については取り上げられもせず、関心も持たれない。

その反省をこめて、本書では日本の戦国時代の社会の実態に近づこうとしてきた。最初に「川中島合戦に見る戦争の実態」を置いたのは、そうしたドラマ等による理解に疑問を呈するためである。戦争とは多くの人が死ぬことであり、決して賛美されるようなものではない。

武士は武技専業者であり、戦うことを職業としている軍人なので、戦争に参陣することは義務ともいえる。しかしながら、戦争は武士だけが関わるものではない。戦いを職としない民衆も巻き込まれた。とりわけ「足弱」といわれる女性や老人、子供は戦争結果によって過酷な人生を強いられることもあった。彼らは乱取りなどによって捕獲され、奴隷として売却されたからである。

勝者がいれば必ず敗者がいる。それにもかかわらず、敗者についてはほとんど語られることがない。とりわけ、敗れた側のもとで散っていった多くの人たちは忘れ去られ、存在もしなかったような扱いである。

昭和27年（1952）4月に制定された「戦傷病者戦没者遺族等援護法」は、軍人軍属及び準軍属の公務上の傷病及び死亡等に関し、障害者本人には障害年金を、死亡者の遺族には遺族年金・遺族給与金及び弔慰金を支給し援護を行うことを定めている。つまり、職業軍人には軍人恩給が出ているが、原爆や空襲、沖縄戦など多くの死傷者があり、財産喪失の憂き目にあった一般人に対しては、ほとんど何の措置も取られていないのである。戦争で大きな被害を受けたのは軍人だけではない。これは、戦争は武士がするものだという現代人が抱く戦国時代像と同じような考え方に基づいているように、私は思う。

戦国時代を語る時は、どうしても武将に光を当てがちである。人生の転換点において、どのような決断をしたのかという点に興味を示す人も多い。こうした個人崇拝主義的な歴史理解は、自らと戦国大名の同一視につながり、成功者のまねをすれば成功し、失敗者のまねをすれば失敗する、と考えているのかもしれない。さらに、戦国大名を英雄視することは、歴史がごく少数の選ばれた者によって構築されるとの歴史観につながる。

しかしながら、実際に戦争で戦っているのは個々の兵士であり、民衆もさまざまな形で参加している。社会に生きている一人一人が歴史を構築しており、私たちも一人一人が歴史に責任を負わねばならない。英雄史観はそうした歴史の責任のすべてを、特定の者に負わせることになりはしないだろうか。

当然のことながら、戦国時代は現代とは全く異なる社会である。ややもすれば歴史における各時代も、自分たちが生きている社会と同質なものと考え、今の私たちの視点で理解しようとしがちである。しかし、その時代や社会を理解するためには、当時の人たちの考え方をするべきで、現代人の常識が当てはまるとは限らない。

歴史の見方は、人それぞれでよいと思う。けれども、その底辺にはしっかりした事実認識が必要である。他人の説やイメージを鵜呑みにするのではなく、個々人が批判的な目で歴史を見つめることが大事である。そして、歴史の実態に近づいていくべきである。

ところで、信玄や謙信について、なぜ語ることができるのであろうか。それは多数の史料が残っているからである。

歴史家は存在する史料の上に歴史を組み立てていく。従って、全く史料がない人はその歴史を書くことができない。ただし、史料をどう解釈するかは、歴史研究者といえども人それぞれである。内容の理解も人によってさまざまで、解釈する側の生い立ちや学び方が史料解釈に大きな影響を与える。文字で書いてあることはすべて真実だと思う人もいれば、書かれている内容が必ずしも本当だとは限らないと考える人もいる。史料解釈の多様性は、歴史解釈の多様性と直結するのである。

それならば、史料はどうして残ったのだろうか。

史料が残るのは、その史料を持ち伝えることが、個人あるいは家にとって利益があるからである。武田信玄の感状は家の格につながるし、宛行状《あてがい》は土地占有などの根拠になる。その史料を長く残し、伝えていくためには、伝える側にそれ相応の努力があることを忘れてはならない。伝える側の利益に直接つながる努力があってこそ、特定の文書だけが残ったのである。

各時代に生きた圧倒的多数の人たちは、史料を残さずに歴史の舞台から消えていく。民衆は自らについて文字で伝えることをしない。つまり、史料を残さない人については、個人レベルの歴史を書くことができない。特に、人口の半分にあたる女性の史料はほとんど伝わらない。

日常生活の史料は残りにくい。戦争のような非日常的な出来事を契機にしたもの、いわば特殊な事件にまつわるものは残りやすい。従って、民衆の歴史、特に女性の暮らしを個人レベルで描くことは難しい。また、誰でも子供の時代や老年期がありながら、それを具体的に示す史料も少ないことは言うまでもない。

私は戦国大名のような立場にないし、なりたいとも思わない。もっと言えば、消えていく民衆の一端に自分が位置していると思っている。だからこそ、これまで戦国大名といった〝上から〟の視点での歴史に疑問を抱き、自分らしい歴史を描きたいと考えてきた。本来、自分の視点で歴史を描くことは、自分と同じ立場に立つということだろう。が、実際に描くとなると、民衆の史料が残っていないがために、なかなか難しい。

歴史研究者や歴史に興味を持つ人は、自分が研究する時代、好きな時代に特別な感情を抱いている。その最たるものは、その時代が他の時代より学ぶ価値があるという強い思い入れである。当然私は、戦国時代が学ぶに足る時代だと思って研究している。

縄文時代に興味を持つ人は、1万年以上にわたって自然と共生してきた独自の価値観を持つ時代こそが面白いという。土器の発明や、土器や土偶の模様から読み解く独自の価値観と技能、定住化が進んだ道のりなどに価値を置く。弥生時代が好きな人は、自然に左右され、食料供給の不安定な縄文時代と異なり、食料の安定的な供給や金属器の使用開始といった点を強調するだろう。

古代に重きを置く人は、律令国家が花開き、統治が整然とされ、東アジア世界の中で独自の地位を占めるようになったことに興味を抱く。中世の研究者は、富や文化のすべてを吸い取る貴族中心の時代から武士が台頭し、地方にも富が分散され、民衆文化が持ち上がった自由の時代だと評価する。

近世は戦争がほとんど起きない安定した時代である。実力社会だった中世から法治の時代になったと主張するだろう。近代を研究する人は今の価値観に直接つながる時代だとする一方で、戦争が多く、労働者が悲惨な状況だったともいう。

上記のように並べてみるならば、歴史は確実に進歩しているように見える。しかしながら、よくなっているとはいえない部分も多々ある。

それぞれの人が、それぞれの思いを馳せながら各時代を見る。戦国時代についても、光と影の双方をしっかり認識し、自分の歴史観を育むことが大事である。そのためには自分の興味ある時代だけを取り上げるのではなく、その時代を日本の歴史全体の中で相対化していく必要がある。広い見地から歴史を考えてほしい。

食料難は解決されたのか

戦国時代こそ日本の歴史が大きく転換した時代である。

戦国時代は多くの戦いがあり、いかに天下を統一するか、どのように平和を構築するかが最大の課題だった。この課題は、戦国大名の淘汰と、織田信長、豊臣秀吉、そして徳川家康による天下統一によって一応解決された。武力による統一が進められる間に多くの血が流され、強圧的な武力を前提とする平和ではあったが、少なくとも表面上、戦争の時代は終わったのである。

社会の安定とともに、公権力は人身売買の否定を徹底した。戦争時の乱取りや路上での拉致は、捕らえた人を売買するためだった。人がしっかりと農耕地などに定着しなければ、領主は年貢を取ることができない。領民に安全を保証することは、領主が領主としての役割を果たすためには必須であった。平和の時代の到来とともに、個人の安全が達成されていった。

しかし、戦国時代の戦乱が激烈だった背後にあった最も大きな問題は、気候異常による食料不足であった。

食料がなければ、他人から奪ってでも生き延びねばならない。戦国大名たちによる広域で均一的な支配が、広い範囲にわたる河川管理や治水、灌漑設備の構築、道路の建設などを可能にした結果、戦国時代から新田開発が進むようになった。つまり、食料確保への道をたどり始めたのである。

しかしながら、戦国時代の食料難は解決されたのであろうか。

社会工学研究所が昭和49年(1974)にまとめた『日本列島における人口分布の長期時系列的分析:時系列推計と要因分析』によれば、康和《こうわ》2年(1100)の人口は696万3700人、明応《めいおう》9年(1500)が953万人、慶長《けいちょう》5年(1600)が1227万3千人、元禄《げんろく》13年(1700)が2828万7200人、寛延《かんえん》3年(1750)が3100万5900人に及んだという。戦国時代には1千万人程度だった人口が、江戸時代の半ばまでに一気に3千万人台まで増えていることがわかる。

明治5年(1872)の日本の総人口は3480万人であった。つまり、戦国時代から近世初頭の新田開発によって国土で養える人口が増えたが、国土に限りがあり、農業技術の飛躍的な向上がなかったため、人口の伸びが止まったということである。実際、江戸時代後半の人口はほぼ一定である。日本の国土で自給できる食料生産からすれば3千万人台が精一杯だったのだろう。

戦国時代によって、食料不足の問題はいったん解決がされたように見えながらも、現実は問題解決を先送りしただけで、人口増加と食料供給の問題の抜本的な解決策は、現在においても提示されていないのである。

明治37年（1904）の人口は4613万人となった。明治45年（1912）に5千万人を超え、昭和11（1936）年には明治5年の2倍ともいえる6925万人となった。このように人口が増えた原因の一端は北海道の開発にあり、農業技術の進歩があった。そして、現在日本の人口は、総務省統計局の人口推計によれば1億2601万人（2020年2月1日現在）にもなっている。

当然、食料の多くを外国から輸入して、日本の人口を養っている。農林水産省によれば、2018年度の日本の食料自給率は37％（カロリーベースによる試算）と過去最低を記録した。海外からの輸入が途絶えれば、過半数の者が飢えることは明白である。

国連人口基金は1989年、国連などの人口推定及び推計値をもとにして、世界人口が50

億人に到達したと推計される1987年7月11日を「世界人口デー」とした。ちなみに、推定される世界人口は1802年に10億人、1827年に20億人、1961年に30億人、1974年に40億人、1998年に60億人、2019年には77億人に達した。十数年のうちに約85億人に、さらに2050年までにほぼ100億人に達する見込みだという。いかに地球上の人口増加が急激か、理解できるだろう。限りがある地球上の地面で、急激に増える人口を養いうるか心もとない。

戦国時代の新田開発によって、近世初頭、爆発的に人口が増えた。人口が増加しても食料を生み出しうる日本の地面は増えない。人口は人間を養えるだけの食料生産に規定されるのが自然である。人口が多くなり、食料が足りなくなるならば、食料を巡っての争いがまた起きるだろう。いつまでも日本が食料を輸入できると思っていては、とんでもない事態を招くかもしれない。

新田開発は、大地にメスを入れる最たる動きの一つであった。戦いから身を守るための山城が発達したこの時代、集落の近くの山々は山城として切り刻まれ、領主の館や城下町づくりでも大地に大きな変化が刻まれた。こうした大地改変を可能にした技術や道具は金山開発などと連動し、金山は財政的に開発を支えることにもなった。社会の大きな変革を精神的に支えたのは、合理的な考え方の進展であったといえよう。

それまでは自然変化や社会変化などの原因を神仏に求め、人間の力の及ばないものと理解していた。大地や自然には神仏が存在しているとして、できるだけその領域を侵さないようにしてきた中世人は、山城造りや金山開発などを進めても神仏から反撃がなかったことに驚いたことであろう。神仏に原因と結果を投げかけなくとも、原因と結果に基づく合理的な考え方が進展した背景には、神仏に対する畏れの減退があった。いうならば、戦国時代を通じて、神仏自体が人間の道具にされ、神仏への畏れは脇に置かれるようになっていった。こうしてみると、戦国時代は現代の行動規範の源泉となった時代だともいえる。

自然への働きかけとして堤防が造られ、水路がひかれて新田開発がなされた。神の領域といえる地下からの鉱物資源採取も平気で行われた。山城の築造によって周囲の山すら変貌を遂げた。自然は人間に従属し、人間が好きなように資源を採取できると理解される時代へと変わっていった。現代につながる科学万能主義への走りといえよう。

私の子供の頃、手塚治虫の漫画「鉄腕アトム」は憧れであり、科学は万能に見えた。この物語は、21世紀の未来を舞台に原子力をエネルギー源として動き、人と同等の感情を持った少年ロボット、アトムが活躍する。原子力に代表されるように、科学は我々の社会をよりよくし、明るい未来を約束してくれると理解していた。

平成23年（２０１１）３月11日、東日本大震災により福島第一原子力発電所事故が起きた。放射性物質の放出を伴った大きな原子力事故である。多くの被害者がふるさとを追われた。いまだに福島に帰ることができない人がたくさんいる。事故処理には莫大な経費と気が遠くなるような時間がかかる。税金が費やされているのは言うまでもない。

これまで原発行政を推進してきた政府や自治体、その根拠とされた学者、当事者である東京電力などは、これだけの大きな被害をもたらしながら誰も根本的な責任を取っていない。他人の財産を奪ったり、人を傷つけたり、殺したりしたら大変な罪だろう。しかし、原発事故ではそれがすべてあやふやのままだと感じる。

何より、この事故によって科学に対する信頼は大きく揺らいだ。安価で夢のエネルギーと思われてきた原子力発電がいかに危険で、結局はどれだけ高価なエネルギーであるかが明らかになった。合理的と思われてきたものがいかに非合理で、科学的なるものが都合よく理解されただけの非科学的なものであったかが、事故によって白日の下に曝された。

第二次世界大戦後、日本の高度経済成長の陰で、急速な工業化に伴い環境破壊が起こったことも忘れてはならない。「水俣病」「イタイイタイ病」「四日市ぜんそく」といった各地の公害病は、企業利益の追求が招いた大きな犠牲である。

また、高度経済成長と対になる大量消費は、プラスチックゴミをはじめゴミ問題も引き起こした。使い捨てが社会の資源循環を断ち切ったことは周知の事実である。私たちはそのつけをこれから払っていかねばならないのである。

近年、地球温暖化による災害が地球規模で頻発している。2019年の東日本台風による大きな被害もその一つである。ツバルをはじめとする南太平洋島の国々は海面上昇によって存続すら危なくなってきている。このまま推移していけば海面上昇はさらに進み、地球温暖化は食料減産を引き起こす。その原因が二酸化炭素の増加だとわかっていても、人間の活動による排出は止まない。

二酸化炭素排出量を2016年世界の国別排出割合で見ると、世界の排出量合計は約323億トンである（EDMCエネルギー・経済統計要覧2019年版）。排出1位が中国で全体の28・0%、2位のアメリカは15・0%、3位がインドで6・4%、4位がロシアで4・5%。日本は5位に顔を出し、3・5%にあたる11億4700万トンを排出している。

明らかに経済大国、軍事大国とされる国々の排出量が圧倒的に大きい。にもかかわらず、そうした国々の排出削減の取り組みは消極的である。自分が築いてきた豊かな生活を手放さず、それほど排出していない国々にもつけを払わせている。地球全体が悲鳴を上げ、待ったなしの対応が求められているにもかかわらず、自分だけ、自国だけよければよいという態度は、人類の滅亡を推進しているように思える。

スウェーデンの環境活動家グレタ・トゥーンベリさんは2019年9月23日、ニューヨークでの国連気候変動サミットで「私たちは人類絶滅の始まりにいる」と述べた。グレタさんが指摘する「お金のことと経済発展がいつまでも続くというおとぎ話」とは、自己利益、自国優先主義のことである。こうした「自分さえよければ」という動きが大きくなったのが日本の戦国時代であった。現代と当時の状況は環境の変化だけではなく、自国優先主義がまかり通っているところも似ている。

自己利益優先主義でよいのか

アメリカのトランプ大統領が強く主張している「アメリカ・ファースト」は自国の社会、経済建て直しを最優先し、国際的問題への関与を可能な限り控えるべきだ、という考え方である。世界最大の経済力と軍事力を持ち、世界に対する影響力を有するアメリカが、なりふり構わず自国の利益だけを追い求めることは、世界に軋轢を生じさせ、戦争の火種を生み出そうとしている。東京都の小池知事の都民ファーストの動きも連動するように思う。山梨県に生まれ、長野県に住む私にとって、都民ファーストは地方から人や資金を吸い上げている東京都のご都合主義のようにも思えるからだ。

大学入学を前に、ＪＲ甲府駅で友人たちは上り電車に、私は下り電車に乗った。私の周囲では圧倒的多くが東京の大学へ進んだ。大学は人口の多い大都市に集中しており、学ぶために地方から東京を中心とする大都市へ行くということに、何の疑問も感じなかった。大学の学費や下宿費などは当然山梨の実家から出してもらった。学び、生活するための経費は地方に住む親が負担している。

都会は、人も人を育てるための経費も地方から吸収していった。多額の学費や生活費をかけて大学を卒業すると、多くの若者が都会で就職した。私のように地方大学で学んだ者も、そのまま地方に定着した者はわずかで、東京などの大都市で働く者が圧倒的に多かった。私自身、長野県で働いていて、ふるさとには戻っていない。つまり、個人が就職して働けるようになるまでの基盤の資金は地方から出ていながら、人材が育つと使役して、税金などで利益を得るのは東京などの大都市なのである。

今や地方も大都市も、多くのものが共通している。どこに行っても同じようなチェーン店がいっぱいある。地方都市で旧来の商店街がシャッター通りとなり、地域活力が失われている背後には、大きな資金を持つ全国チェーン店の存在がある。地域の商店街で物品を購入していた時は、地域のお金が地域に落ちていた。しかし、大型店やチェーン店では最終的に東京などの都会が資金を吸い上げた形になる。気がつくと地方は資金的にも中央に吸い上げられる。

多くの企業があり、多くの人が働く東京都には潤沢に資金がある。人を養成する資金は負担せず、最も働ける時には東京で仕事をしてもらい税金を払ってもらう。これでは、地方は人材もそれまでにかけてきた人材育成費も持ち逃げされることになる。退職してから地域に戻ってくる人も多い。税金は東京に落とし、高齢者医療などは地方が負担することにもなりかねない。

これは必ずしも、東京だけでの問題ではなく、地方における県庁所在地と過疎化する周辺の地域との関係でも同じである。そして世界で見た場合、これはアメリカなどの経済力を持った国とその他の国との関係でもある。アメリカは現在も大量の優秀な人材を吸収しつつある。優秀な人を育てた国は、移住されてしまえば何の取り分もない。資源も経済力がある国が資金を使って、さらに人材や資金を集めているように感じるのは私だけだろうか。

人生の資金全体の流れを見るならば、東京都は地方に資金還元をすべきである。都民ファーストの前に、何が東京の繁栄を下支えしているのか、地方から吸い上げたものをいかにして地方に返し、人と資金を循環させていくかを考える時期に来ている。

戦後の都市を支えたのは、農村や山村、漁村などであった。都会の人々は地方に買い出しに出かけて食料を得た。国策で満州などに向かった人たちも、敗戦によって帰国すると、開拓地を造って格闘し、食料を生産した。食料なくして人は生きていけない。地方が食料や人材、資金を何とか提供していたにもかかわらず、今や農村や山村、漁村の集落などは風前の灯火であり、何かあった時にもはや都会の人たちを養う力はない。今の自分たちだけよければよいというのは、日本においても世界においても間違いである。

大きな経済力や軍事力などを持つ国や個人は、それがもたらされた歴史を認識しなくてはならない。広い視野から、全人類の平和や生活向上のために尽くす義務があるはずなのに、自国第一主義を声高に唱えていては、地球そのものが壊れてしまう。

昨今の自国第一主義の強調や各国のエゴが進めば、戦争に行き着くことは疑いない。それはこれまでの戦争の歴史を見れば明らかである。過去においても、さまざまな正当性を主張しながら、結局は自国の利益を求めて、国同士の戦争が起きてきた。

人類が地球上に暮らす以上、限られた資源をもとにして生きていかねばならない。自分たちの利益だけを主張していったら、必ず争いが生じてくる。お互いを認め合い、思いやり合いながら、相互の利益や生活権を調整していく必要がある。アメリカ・ファーストが蔓延する今、そうした意識が大きく減退している。国と国のエゴがぶつかろうとしている今、戦争の危機がある今だからこそ、こうした動きにストップをかけねばならない。日本国民は、

「平和を愛する諸国民の公正と信義に信頼して、われらの安全と生存を保持しようと決意し」「国家の名誉にかけ、全力をあげてこの崇高な理想と目的を達成することを誓」った憲法に従って、政治道徳を世界に訴えかけねばならないはずなのに、自らが自国第一主義に立って、世界を見ていないように思える。

現在、国が富を持っているかどうかの指標に、資源を持つか否かがある。地下資源を持つ国が優位に立ったとしても、たまたま資源の上に住み着いた人間が、それを独占すること自体に誤りがある。

地球の歴史と人類の歴史は比べようもない。人類は地球上の生物の一つに過ぎず、決して地球の主人ではない。地球上にある資源は地球上に生きるすべての生命の資産であって、人類だけのものではない。また、それを今の時代だけで使っていいのかも、論議すべきであろう。限られた資源を今、使ってしまったら、未来の人たちに何を残すことができるのであろうか。

地球上の資源を巡っては、これまでも戦争が行われ、現在も争いが絶えない。戦争につながる、そうした動きをどのように断ち切っていくか。これは大きな課題である。戦国時代以前のような人間の及ばない力を確認することも必要かもしれない。

戦争は、時の経過とともに大規模になった。人を殺す道具もより効率的になっている。戦国時代には逃げ込めるアジールがあった。ところが、そうした場所は今や失われてしまっている。

第二次世界大戦において広島や長崎に投下された原爆は、兵士と一般人を区別しない無差別殺戮の道具だった。原爆はとてつもない傷跡を残した。原子力は同じ根から出ているにもかかわらず、一方は悪、一方は善なのであろうか。戦時中、日本各地の都市を襲った空襲も、戦闘員と非戦闘員を区別しない、とてつもない大虐殺であった。

戦国時代の戦いは、これらと比較すれば、きわめて牧歌的だった。戦国時代とは比べものにならない死者、負傷者、経済的損失をもたらすのが現代の戦争なのである。戦争規模を拡大させてきたことは、人類の進歩といえるのであろうか。

戦国時代の戦争において多くの奴隷たちが生み出されたのに対し、第二次世界大戦後の日本において、一般民衆が生きていくためにいかに悲惨な状況であったか思い起こさねばならない。世界を見ると、現在も戦争によって多くの難民が生じている。戦争は、戦争を起こした人には寛容で、実際に戦う兵士により多くの負担を強いる。それ以上に民衆に大きな犠牲や苦労を強いていることを、政治家たちは全く意に介していない。

いつの時代でも、戦争においては威勢のよいプロパガンダがなされる。多くの人がそれに応じて昂揚した。昂揚し、戦争を推進する人は、時流に乗らない人、協力しない人を断罪しがちである。ポツダム宣言受諾後、東久邇宮《ひがしくにのみや》内閣は「承詔必謹」と「国体護持」を説き、「一億総懺悔《ざんげ》」を主張して戦争責任の追及を免れようとした。政権は戦争に反対する者を徹底的に弾圧しておきながら、都合が悪くなったら国民の責任だと戦争責任をすり替えた。この結果、いまだに日本においては戦争責任の意識が弱い。

責任を取らない、あるいは責任を曖昧にする態度は、政府をはじめとして広く見られる。危惧されるのはその風潮がとりわけ近年ひどくなっていることである。

だからこそ、過去をしっかり見据え、未来に向けて動かねばならない。戦国時代の課題はまだ解決できていない。より大きくなって、私たちの身に降りかかっているのである。

あとがき

２０１８年のノーベル平和賞は、世界中の紛争下で起きている性暴力に対して闘う２人に授与された。

コンゴ民主共和国のドニ・ムクウェゲ医師は、紛争が続くコンゴ東部で、自らの危険をも顧みず、性的虐待やレイプの身体的・精神的な傷に苦しむ女性らの支援に身を捧げてきた。１９９９年に開設した南キブ州のパンジー病院で、女性や子ども、生後数カ月の乳児まで、数万人に及ぶレイプ被害者の治療を続けている。彼はレイプを「大量破壊兵器」と表現し、戦争で女性が暴行の対象にされることを激しく非難してきた

イラクの少数派ヤズィーディー教徒の権利擁護を訴えてきたナディア・ムラド氏は、自身が２０１４年にイスラム過激派組織「イスラム国（ＩＳ）」に拉致され、性奴隷として拘束された。逃げ出すことに成功してから、ＩＳの実態を伝え、彼らがヤズィーディー教徒に対して組織的なテロとジェノサイドを行っていると糾弾している。

日本の戦国時代も女性はレイプの対象となり、拉致され、売買されていた。これを５００年前の特別な時代に起きたことだとするのは大間違いで、人身売買はさまざまな形で続けられてきた。日本から目を世界に転じてみると、前述の2人がノーベル賞を受けたのは、まさに現在でもそうした行為が、戦争によって日常的に行われているからである。

沖縄県の南部戦跡に立つと、ほとんどの人が戦争を繰り返したくないと胸に刻む。ところが川中島

合戦の古戦場において、そうした意識を抱く人はほとんどいない。戦国大名に対してこれほど多くの人が興味関心を抱いていながら、戦争の悲惨さが語られず、民衆には目もくれないことが多い今だからこそ、戦国時代の実態を伝えねばならない。

第二次世界大戦の敗戦を教訓にして、日本国憲法の第九条には、「日本国民は、正義と秩序を基調とする国際平和を誠実に希求し、国権の発動たる戦争と、武力による威嚇又は武力の行使は、国際紛争を解決する手段としては、永久にこれを放棄する。前項の目的を達するため、陸海空軍その他の戦力は、これを保持しない。国の交戦権は、これを認めない。」と定められている。戦争を放棄する平和主義は国民主権、基本的人権の尊重と並ぶ憲法の三大原則であり、日本の歴史の中から生み出されてきた世界に誇るべき主張だと思う。

第九九条においては、国会議員が「この憲法を尊重し擁護する義務を負ふ」と定められているにもかかわらず、北方領土について「戦争でこの島を取り返すことは賛成ですか反対ですか」「ロシアが混乱しているときに取り返すのはオッケーですか」と発言した国会議員がいたことは記憶に新しい。さらに「オレは女を買いたいんだ」と絶叫するなど、女性の人権をないがしろにした旧態依然の男性の考え方が垣間見られる。人としても許せない暴言である。

今、世界は一丸となって新型コロナウイルス感染症と闘わねばならないのに、自国第一主義が強調されている。他国を思いやり、地球全体の中で自分の国が何をなすべきかという観点が後退してきている。国と国のエゴが進めば、戦争に行き着くことになる。この流れは国だけでない。人は集団で生きる動物でありながら、個人が自分だけよければよいという考え方の増大は、周囲に軋轢《あつれき》を生じさせ、社会に混乱をもたらす。

そうした意味で、私達は現状における戦争への危機感をもっと持つべきである。そして、いつの時代であっても戦争は悲惨である、ということを知らねばならない。現在でも過去においても、戦争がいかにむなしく、人間の心をいかに破壊するかを認識した上で、共生する社会の建設を進めたい。

長野県立歴史館の館長となって、自分の時間は全くといっていいほどなくなった。史料を耽読し、思考する時間がとれないのである。多くの方々から著書をいただくたびに、自分が何もしていないことを恥ずかしく思ってきた。本書も10年近く前の構想が元になっており、新説を唱えるものではないが、編集者の山崎紀子さんの求めもあり、今だからこそ私が言わねばならないことを記したつもりである。

戦国時代の背景には食料難があった。現在日本の食料自給率は4割に満たない。食料を輸入に頼りながら他国と戦争が始まったら、大変な食料難が起きるかもしれない。現在の世界の人口増加率は、食料生産の伸び率より高く、人類全体として飢えも懸念される。平和であったとしても、日本がこのまま食料を輸入できるとは限らない。とりわけ、地球温暖化による環境変化に人類はついていくことができるのだろうか。

平和を維持すると同時に、今後いかにして食料を確保するかは、人類にとって大きな課題である。現在、日本のみならず地球全体が岐路に立たされていることを自覚し、一人一人が主体的に生きていかねばならない。本書がそんなことを考える契機になれば幸いである。

2020年初夏　　笹本正治

主な参考文献

阿部善雄『駈入り農民史』（至文堂、一九六五）
網野善彦『増補　無縁・公界・楽—日本中世の自由と平和—』（平凡社、一九八九）
五十嵐富雄『縁切寺』（柏書房、一九七二）
石井良助『江戸の離婚—三行り半と縁切寺—』（日経新書、一九六五）
井上禅定『駆込寺東慶寺史』（春秋社、一九八〇）
宇佐見龍夫『大地震』（そしえて、一九七八）
小鹿島果『日本災異史』（一八九三、五月書房より一九八二復刻）
勝俣鎮夫『戦国社会史論』（東京大学出版会、一九七九）
北島万次『豊臣秀吉の朝鮮侵略』（吉川弘文館、一九九五）
桑田忠親『桃山時代の女性』（吉川弘文館、一九七二）
斉藤国治『星の古記録』（岩波新書、一九八二）
酒井憲二編『甲陽軍鑑大成』第一・二巻（汲古書院、一九九四）
佐久市教育委員会『佐久市埋蔵文化財調査報告書1：金井城跡1・2』（佐久市教育委員会、一九九一）
笹本正治『中世的世界から近世的世界へ』（岩田書院、一九九三）
笹本正治「甲斐吉田の町の中世から近世へ」（『信濃』四六巻一一号、一九九四）
笹本正治『辻の世界—歴史民俗学的考察—』（名著出版、一九九一）
笹本正治「甲斐吉田の町の中世から近世へ」（『信濃』四六巻一一号、一九九四）
笹本正治『中世の災害予兆—あの世からのメッセージ—』（吉川弘文館、一九九六）

笹本正治「『甲陽軍鑑』に見る夢―戦国末の夢想―」(『日本文学』、一九九九年七月号)
笹本正治『鳴動する中世』(朝日選書、二〇〇〇)
笹本正治『戦国時代の諏訪信仰―失われた感性・習慣―』(新典社、二〇〇八)
笹本正治『中世の音・近世の音―鐘の音の結ぶ世界―』(名著出版、一九九〇)
笹本正治『武田氏と御岳の鐘』(山梨日日新聞出版局、一九九六)
笹本正治『武田氏三代と信濃―信仰と統治の狭間で―』(郷土出版社、一九八八)
笹本正治『辻の世界―歴史民俗学的考察―』(名著出版、一九九一)
笹本正治「博士と金山」(『中世を考える　職人と芸能』、吉川弘文館、一九九四)
笹本正治「職人意識の変化―金を掘る職人―」(『部落解放』四〇五号、一九九六)
笹本正治『真継家と近世の鋳物師』(思文閣出版、一九九六)
笹本正治『災害文化史の研究』(高志書院、二〇〇三)
笹本正治『山に生きる』(岩田書院、二〇〇一)
笹本正治『甲信の戦国史―武田氏と山の民の興亡―』(ミネルヴァ書房、二〇一六)
『シンポジウムよみがえる篠本城跡―戦国動乱期城郭の謎に迫る―』(財団法人東総文化財センター、一九九五)
瀬田勝哉「神判と検断」(『日本の社会史』第五巻、岩波書店、一九八七)
高木侃『三くだり半と縁切寺』(講談社現代新書、一九九二)
土木学会編『明治以前日本土木史』(岩波書店、一九三六)
土井忠生・森田武・長南実編訳『邦訳日葡辞書』(岩波書店、一九八〇)
中田薫『法制史論集』第三巻下(岩波書店、一九四三)

永原慶二・山口啓二編『講座・日本技術の社会史　第五巻　採鉱と冶金』（日本評論社、一九八三）
藤木久志『雑兵たちの戦場―中世の傭兵と奴隷狩り―』（朝日新聞社、一九九五）
藤木久志『戦国史を見る目』（校倉書房、一九九五）
藤木久志『土一揆と城の戦国を行く』（朝日新聞社、二〇〇六）
藤木久志『雑兵たちの戦場―中世の傭兵と奴隷狩り―』（朝日新聞社、一九九五）
藤木久志『村と領主の戦国世界』（東京大学出版会、一九九七）
藤木久志『豊臣平和令と戦国社会』（東京大学出版会、一九八五）
『富士吉田市史史料叢書10　妙法寺記』（富士吉田市史編さん室、一九九一）
保立道久『中世の愛と従属―絵巻の中の肉体―』（平凡社、一九八六）
牧英正『人身売買』（岩波新書、一九七一）
松田毅一・E・ヨリッセン『フロイスの日本覚書―日本とヨーロッパの風習の違い―』（中公新書、一九八三）
三鬼清一郎「近世初期における普請について」（『名古屋大学文学部研究論集』史学30、一九八四）
三鬼清一郎「普請と作事」（『日本の社会史』第八巻、岩波書店、一九八七）
峰岸純夫「戦国時代の制札」（『古文書の語る日本史』第五巻、筑摩書房、一九八九）
峰岸純夫「戦乱の中の制札―寺社・町・村の平和令―」（『武田史研究』一一号、一九九三）
森克己『人身売買―海外出稼ぎ女―』（至文堂、一九五九）
山本武夫『気候の語る日本の歴史』（そしえて、一九七六）
ルイス・フロイス・佐久間正訳注「日欧文化比較」（大航海時代叢書『アビラ・ヒロン　日本王国記　ルイス・フロイス　日欧文化比較』、岩波書店、一九六五）

●著者略歴

笹本 正治（ささもと・しょうじ）

1951年山梨県出身。77年名古屋大学大学院文学研究科博士前期課程修了。同大文学部助手を経て、84年信州大学人文学部助教授、94年同大教授。2009～14年同大副学長。16年～長野県立歴史館館長。専門は16世紀を中心とする日本史学。
著書は『甲信の戦国史―武田氏と山の民の興亡』（ミネルヴァ書房）『中世の音・近世の音―鐘の音の結ぶ世界』（講談社学術文庫）『災害文化史の研究』（高志書院）『山に生きる―山村史の多様性を求めて』（岩田書院）など多数。

装幀　酒井隆志　　　編集　山崎紀子

戦国時代は何を残したか
民衆の平和・神仏への思い・自然開発

2020年7月26日 初版発行
2020年11月16日 第2刷発行

著　者　笹本 正治
発　行　信濃毎日新聞社
〒380-8546　長野市南県町657
TEL 026-236-3377 FAX 026-236-3096
https://shop.shinmai.co.jp/books/
印　刷　信毎書籍印刷株式会社

ISBN978-4-7840-7366-5 C0021

定価はカバーに表示してあります。
乱丁・落丁本は送料弊社負担でお取り替えいたします。